やさしい日本語(にほんご)とイラストでわかる

介護(かいご)のしごと

編著 堀 永乃 —般社団法人グローバル人財サポート浜松 代表理事

日本医療企画

はじめに

　近年、グローバル化が進む日本社会のなかで、日本に住む外国人のなかには、介護の仕事をしようとしている人がいます。しかし、外国人が日本人と同じように資格を取るのは、簡単ではありません。そこで、外国人にも、介護職員初任者研修の内容が十分に理解できる、わかりやすい補助教材が必要になり、このテキストを制作しました。

　このテキストは、漢字にはふりがなをつけ、分かち書きで書いています。外国人の方が勉強する時に、日本語を読みやすくするためです。また、現場で使う専門用語はやさしい日本語やイラストで説明しています。コラムには、実際の仕事の時に文化の違いで生じた誤解の事例などを紹介しています。巻末には、日本の生活文化や習慣、記録で使われる言葉や表現があります。このテキストが、指導者の方には楽しくわかりやすい授業に、学習者の方には授業だけでなく自分で学習する時に、また外国人だけでなく日本人にも、お役に立てたら幸いです。

　最後に、このテキストを使って学び、異国の少子高齢化を支えようとしてくださっている外国人の皆さんに、こころからのエールを送ります。

　「あなたたちは、私たち、地域の財産です。本当にありがとう」

堀　永乃

【目次】

はじめに … 3　　本書の特長と使い方 … 7

第1章　介護・福祉サービスの理解

1 介護の仕事 …………………………………… 10
2 人権とQuality of Life（QOL） ……………… 11
3 ノーマライゼーション ……………………… 12
4 自立支援 ……………………………………… 14
　COLUMN 異文化理解 ………………………… 15
5 介護実践の原則 ……………………………… 16
6 職業倫理 ……………………………………… 18
7 介護事故の予防と対応 ……………………… 20
8 こころの健康管理 …………………………… 22
9 介護保険制度 ………………………………… 24
10 要介護認定 …………………………………… 26
11 介護サービスの分類 ………………………… 30
12 介護職と医行為 ……………………………… 34
13 個人の権利 …………………………………… 36

第2章　コミュニケーション技術と老化・認知症・障害の理解

1 介護におけるコミュニケーション ………… 40
2 相談援助の基本の7原則 …………………… 42

3　介護記録……………………………………………………… 44

COLUMN　ホウレンソウ（報告・連絡・相談）……………… 45

4　老化によるこころとからだの変化の観察ポイント……… 46

5　高齢者に多い疾病………………………………………… 48

6　認知症の原因となる主な疾患と症状…………………… 50

7　認知症の中核症状と周辺症状…………………………… 52

8　認知症ケア………………………………………………… 54

9　家族への支援……………………………………………… 56

10　障害の基礎的理解………………………………………… 58

COLUMN　同僚とのつきあい方…………………………… 59

11　知的障害、精神障害、発達障害………………………… 60

12　障害児・者の家族の心理………………………………… 62

COLUMN　仕事は待っているのではなく自分から積極的に……… 63

第3章　こころとからだのしくみと生活支援技術

1　記憶………………………………………………………… 66

2　脳の構成と機能…………………………………………… 69

3　家事物援援………………………………………………… 70

4　居住環境…………………………………………………… 72

COLUMN　ご利用者さんの気持ち………………………… 73

5　衣服の役割………………………………………………… 74

6　食品の調理性と配膳……………………………………… 76

7　衣服の着脱………………………………………………… 80

8	口腔ケア	82
9	廃用症候群	84
10	まひの障害部位	85
11	ボディメカニクス	86
12	体位の種類	88
13	立ち位置	90
14	食事の姿勢	91
15	食事介助	92
16	清拭	93
17	入浴介助	96
18	排泄介助	98
19	睡眠	100
20	看取り	102
COLUMN	ご利用者さんが亡くなったとき	103
21	演習Ⅰ　レクリエーション	104
22	演習Ⅱ　排泄介助	106
23	演習Ⅲ　食事介助	108
24	修了試験の練習問題	110

巻末資料
- 日本の行事・しきたり …114
- 介護記録表の読み方 …120
- 薬の種類と剤型 …122

おわりに …124　　索引 …125

本書の特長と使い方

●大きな字で、ふりがなをつけました

　大きな文字にして、漢字にはすべて、ふりがなをつけています。また、分かち書き（意味の区切りにスペースを入れる）で、読みやすくしています。

●実際に行う仕事について大切なことだけをまとめました

　介護の仕事はたくさんの種類があります。この本では、実際にみなさんが行うことが多い仕事だけを選んで説明しています。文章だけでなく、たくさんのイラストが入っていますので、イラストをみて、介護の様子を想像してみましょう。

●たくさんの言葉の説明が入っています

　要点解説では、大切な言葉について説明しています。

●仕事をするときに大切なことを紹介しています

　介護の仕事をするときに、大切なことをコラムに書きました。また、この本の最後に資料編をつけました。日本の文化や習慣について紹介していますので、活用してください。

●介護職員初任者研修課程テキストとあわせて学習してください

　この本にまとめてあるのは、介護の仕事の一部です。介護の仕事全体は、介護職員初任者研修課程テキストに詳しく書いてあります。この本とあわせて学んでください。

第1章

介護・福祉サービスの理解

1 介護の仕事

　介護の仕事は、利用者の「生活の主体性」を尊重して行う専門的な「対人支援」の仕事です。利用者にたとえ重い障害があっても、自分なりの人生、自分なりの生活を過ごせるよう、こころもからだも、その人らしい生活条件を整え、支援することです。

2 人権と Quality of Life (QOL)

すべての人には、生まれたときから 人間らしく 生きる権利が あります（人権）。

福祉の世界では、尊厳（the dignity of human beings）の保持、プライバシーの保護、自己決定権の尊重が 大切です。

QOL（Quality of Life）とは、「生活・人生」の 「質」を 意味し、「よく生きる」ことです。その人の 人生に対する 満足度や 幸福感、生きがいなどの 豊かさを 大切にします。

第1章 介護・福祉サービスの理解

3 ノーマライゼーション

　　ノーマライゼーションとは、障害があっても　誰でも　参加でき、差別や　偏見がなく　普通に暮らせる社会を　目指すことです。デンマークの　バンク・ミケルセンが　となえた　考え方です。
　　病気や障害、高齢で　介護が必要になると、今までは　自分一人でできたことが　できなくなったり、自由に　動けなくなったりします。そのため、その人の尊厳が　傷つくこともあります。
　　介護は、その人のQOLを高めて、自分らしく生きるために　身体の介助や　日常生活を　支援します。介護での　ノーマライゼーションとは、その人が　自分にとって　普通に生きる支援をすることです。

 要点解説

●バリアフリー
　バリア（障壁）を　フリー（除く）ことです。バリアには　次の4つがあります。

①物理的バリア
　車いすの人や　足の不自由な人が、段差などがあるため　スムーズに通れないことです。
　例：バスの昇降、車いすで入れないトイレ、ホームから改札口までの階段など

②制度のバリア
　障害があるかないかで、就職や　資格を取る際に　制限されることです。
　例：障害があるため　雇用されないなど

③情報のバリア
　新聞が　読めない、信号が　わからないなど、情報が　得られないことや　文化活動の　機会が　得られないことです。
　例：イベントに　参加したいが　案内がないなど

④意識のバリア
　バリアフリーに対する　認識や、高齢者・障害者への　理解や　関心がないことです。
　例：点字ブロックの上に　自転車を　置いている、車いす用駐車スペースに　一般車を駐車しているなど

●ユニバーサルデザイン
　私たちの　生活に　必要な　道具や　施設を、誰もが　年齢や　障害の有無にかかわらず、利用することが　できるという　考え方です。

●高齢者虐待
　家庭内や　施設内での、高齢者に対する　虐待行為（Elder abuse）のことです。
　高齢者虐待の種類には**身体的虐待、心理的虐待、性的虐待、ネグレクト、経済的虐待**があります。（37ページ参照）

第1章　介護・福祉サービスの理解　●　13

4 自立支援

　自立支援とは、相手の気持ちを　大切にしながら、その人の能力を　生かして、生活できるように　手伝うことです。
　利用者の　身体的自立や　生活行為の自立を　目指すのではなく、その人自身の　精神の自立を　支えることが　重要です。
　たとえ　障害や病気が　あったとしても、利用者が　その人なりに　満足した日々を　過ごせるように、自分の意志で　生きていくことのできる状態、生きていることに　喜びを　感じられるように支援していくことが　大切です。

要点解説

●残存能力
　障害の ある人が、残された 機能を 用いて、発揮することが できる 能力 のことです。

●自己選択・自己決定
　自分で 何かを 選んだり、決めたり することです。

●個別的な支援
　利用者 一人一人に 合わせた 支援のことです。

●介護予防
　本人に できることは、自分で してもらうように 意欲を 引き出すことです。

COLUMN　異文化理解

　他人に 自分の家族の 介護・介助を託す 日本の介護に 接すると、まるで 「親を見捨てている」「かわいそう」と 思う人も いるかもしれません。血縁関係でもない 他人が 介護をすることに 驚いている人も 多いのではないでしょうか。また、施設にいる 親に、子どもが 会いに来ないことを 理解できないと 感じる人もいるでしょう。

　しかし、高齢化が進む 日本で、働く家族が 仕事と 家事の 両立のなかで 家族の介護をすることは 難しいのです。ですから、グローバル人財サポート浜松では、これから 介護職員になろうとしている 人に対して、「介護が 必要な人たちの 家族になった 気持ちで、あなたが 本当の息子、本当の娘のような 気持ちで、介護サービスを 提供してほしい」と 伝えています。遠く離れた 母国にいる あなた自身の 祖父母や 両親の 面倒を みるように……。私ならば、そういう気持ちでいる 外国人介護職員に 家族の介護・介助を してほしいと 思います。

第１章　介護・福祉サービスの理解　15

5 介護実践の原則

　介護の理念は、利用者の　人間としての尊厳　と　基本的人権（fundamental human rights）を　尊重すること、自立（自律）を支援すること、自己実現を　支援すること、ノーマライゼーションを実現することです。

大切なのは「思いやり」

●介護実践の原則

①自立支援

　その人らしく　生きていけるように　支援することです。自分のことは自分で　考え、決めることができるよう　心がけましょう。

②相手の　人権を　大切にすること

　人権を　尊重し、幸せに　生活できるように　支援することです。

③相手の　生活を　大切にすること

　利用者の　こころに　寄り添い、共感し、その人の　生活歴（人生）を尊重して　支援することです。

④相手が　自分らしく　いられるようにすること

　利用者が　安心して、自分らしく　いられるようにすることです。

⑤相手の　やる気を　引き出すこと

　利用者が　こころからやってみたいと思う　興味や　関心を　呼び起こすことです。

⑥相手が　思うように　過ごせるようにすること

　利用者の　習慣や　文化、価値観を　尊重することです。

⑦医療・福祉の人と　協力すること

　医療関係者や　社会福祉士などの　福祉専門職と　協力して　仕事をすることです。

⑧心に　やさしさと　強さを　もつこと

　利用者に　思いやりをもって　接し、自分の　行動や　感情、言葉をコントロールすることも　必要です。

⑨技術を　磨くこと

　知識や　技術を　身につけて、専門性を　よりいっそう　高めていく必要があります。

6 職業倫理

　介護職員と 利用者の関係は、「ケアを提供する人」と「ケアされる人」という立場になります。しかし、人間関係は対等でなければなりません。そのため、介護職員は、自分の行動や感情、言葉づかいを厳しくコントロールすることが求められます。そのため、よりよいケアをするために、以下のことが必要になります。
・相手を 思いやること（思いやり）
・相手のプライバシーを 守ること（プライバシー）
・相手を だましたり、うそをついたり しないこと（誠実）

　「日本介護福祉士会の倫理綱領」は、専門職として、目指していく価値や目的を表しています。理想とする行動につながるように、専門職がとるべき態度や姿勢を明らかにしています。

日本介護福祉士会の倫理綱領（要約）

①前文
　　介護福祉士は　高齢者や　障害のある人も　社会の一員として、生涯その人が　住み慣れた　地域で、尊厳をもった　生活ができるように　支援する　職業です。

②利用者本位・自立支援
　　利用者の生活と　人生は　利用者のものです。利用者の　自己選択と　自己決定を　支えます。

③専門的介護サービスの提供
　　介護職員は、いつも　専門職として　自分の　知識と技術を　高め、介護サービスの　質の向上に　努める必要があります。

④プライバシーの保護
　　介護職員は、利用者のプライバシーを　守ります。

⑤総合的サービスの提供と積極的な連携、協力
　　利用者の　さまざまなニーズに　対応するために、医師や　看護師、理学療法士、歯科衛生士、管理栄養士などの　医療関係者や　福祉関係者、市役所、ボランティアスタッフさんなど　さまざまな人たちと　協力して連携することが　大切です。

⑥利用者ニーズの代弁
　　利用者の　本当のニーズを　受けとめて、利用者の権利を　代弁していくことも　重要な　役割です。

⑦地域福祉の推進
　　介護福祉士は、地域の人たちとも　積極的に　関わり、地域のケアネットワークを　支える　役割があります。

⑧後継者の育成
　　すべての人が　将来安心して　質の高い介護を　受けられるよう、介護福祉士は　自分の　指導力や　教育力を　高めて、後輩の育成にも　力を注ぎます。

7 介護事故の予防と対応

事故は「不安全状態」と「不安全行動」が 重なったときに 起こります。

たとえば、廊下の 水拭きをしたあと、濡れたまま（不安全状態：すべりやすい）にしたところ、介護職員が、廊下が 濡れていることが わからず、急いでいて 廊下を 走ったら（不安全行動：廊下を 走る）、転んで けがをする などです。

このような事故を 防ぐために、ヒヤリ・ハット（near misses）を 意識して、不安全状態と 不安全行動が 事前にわかることができるよう、危険を予測する 教育や訓練が 必要です。

介護事故が発生した場合の対応

①なぜ、事故が起きたのかを 考えます。

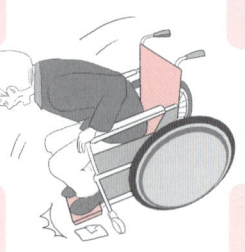

いつ？　どこで？　どのように？　どうして？

②利用者と家族に、どんな理由でも きちんと説明して、これから どうするのかも 説明します。

 要点解説

●ハインリッヒの法則

事故や災害が 330回 起きるとき、そのうちの 300回は 無傷害で、29回には 軽い傷害、残りの1回は 重い傷害のものであるという法則のことです。

労働災害の発生確率を 分析した アメリカの ハインリッヒにより 発表された 法則であることから、この名が ついています。

```
                    重傷害1
              major injury accidents

                   軽傷害29
             minor injury accidents

                  無傷害300
              no injury accidents
```

ヒヤリ・ハット
(near misses)

不安全行動・不安全状態
(unsafe practices / unsafe conditions)

出典：H. W. Heinrich, Dan Petersen, Nestor Ross : Industrial accident Prevention : a safety management approach. 5th ed. p61, Tokyo, McGraw-Hille, (1980) . を一部改変、『介護職員初任者研修課程テキスト第1巻』日本医療企画、2018年、185ページ、図表2-3-1

第1章　介護・福祉サービスの理解　21

8 こころの健康管理

　介護をする人は、自分自身の健康を 大切にしなければ いけません。なかでも、メンタルヘルスケアは 大切です。こころのストレスとなるものには、仕事上のものと、仕事以外のものに 大きく分けられます。

おもな 仕事上の ストレス
① 長時間 勤務
② 過重な 心理的負荷のかかる勤務
③ 上司、同僚、部下、利用者との 人間関係の悪化
④ 異動による 勤務環境の変化

おもな 仕事以外（家庭や個人）の ストレス
① 経済的な問題
② 本人 または 家族の 健康
③ 家庭内の 人間関係
④ 家族の 病気・けが・介護
⑤ 子どもの 教育・進路
⑥ 生活習慣の 乱れ（喫煙、飲酒、睡眠不足など）

 要点解説

●メンタルヘルスケア
　人は、それぞれ ストレスの感じ方が 違います。メンタルヘルスケアでは、次の 4つのケアを 行うことが 重要になります。

①セルフケア
　ストレスに気づく、ストレスに対して 自分で 対処する。
②ラインによるケア
　職場環境などを 改善する。
③事業場内産業保健スタッフなどによるケア
　産業医への 相談や 支援を 受ける。
④事業場外資源によるケア
　専門家による サービスを 活用する。

9 介護保険制度

介護保険制度は、加齢によって日常生活を送るうえで、介護が必要になった高齢者に、その人らしく生きることを尊重して、自立した生活ができるようにするために、介護サービスを提供する制度です。介護保険の被保険者は65歳以上の人と40〜64歳の医療保険に加入している人です。

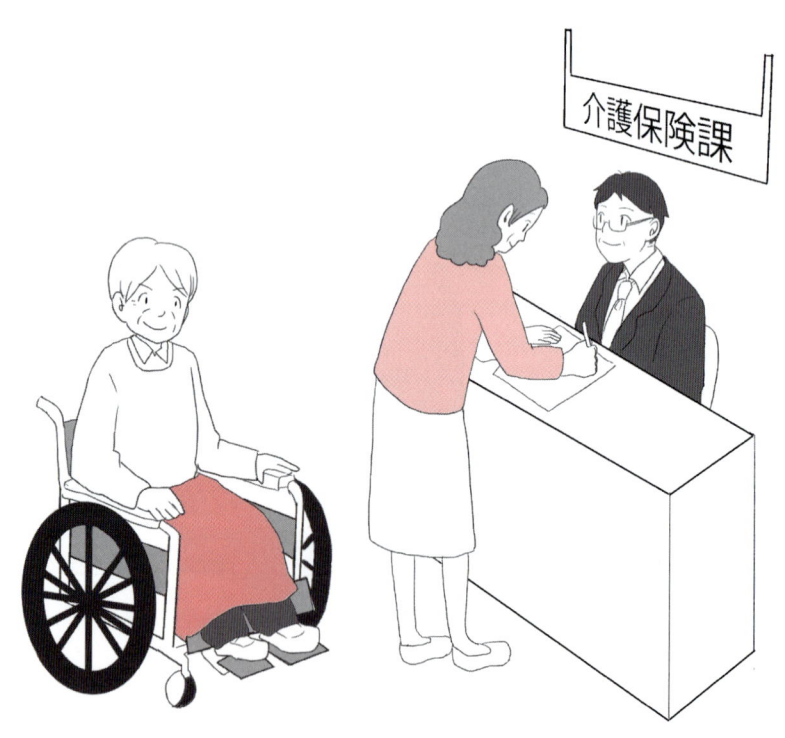

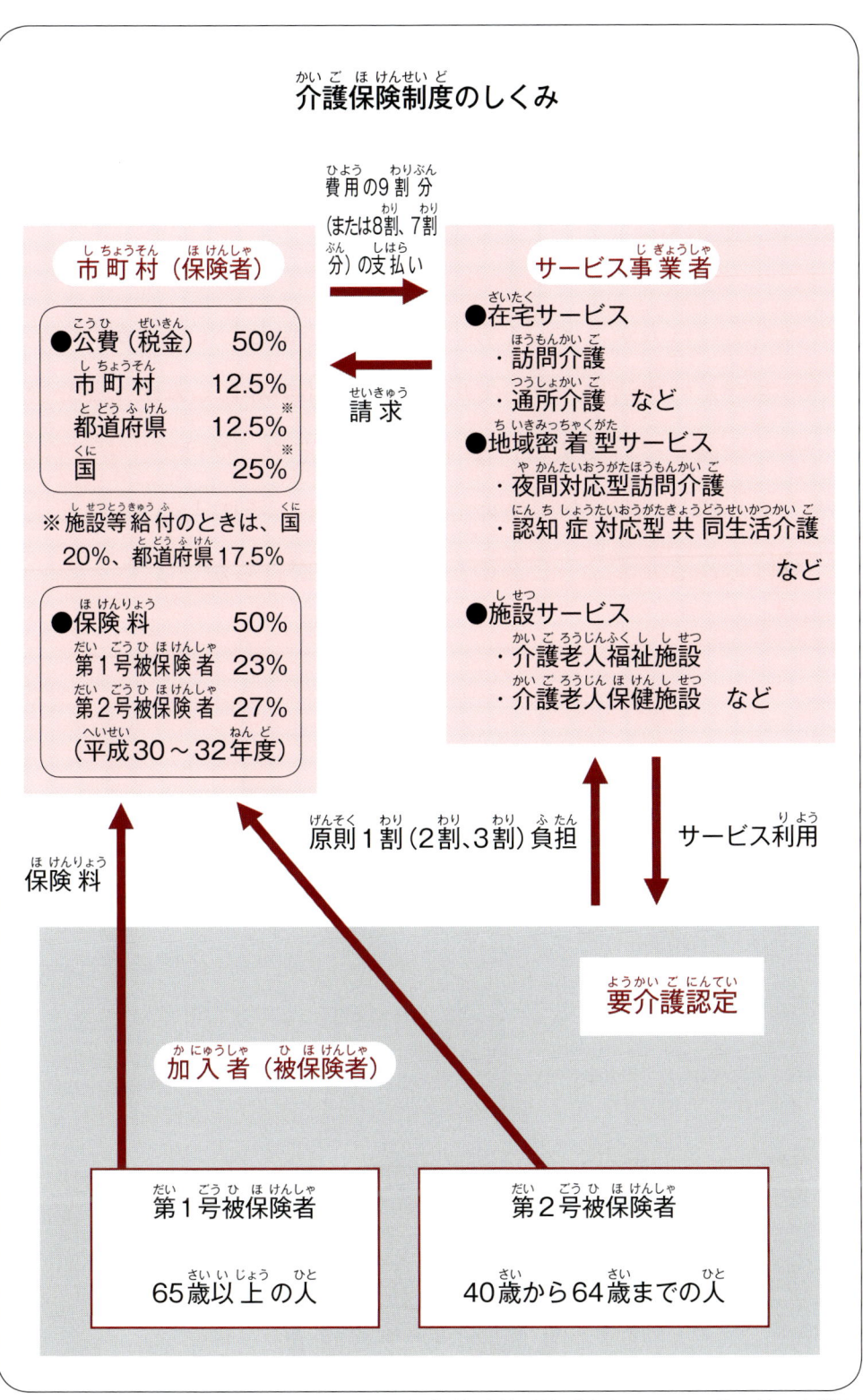

出典:『介護職員初任者研修課程テキスト第1巻』日本医療企画、2018年、259ページ、図表3-1-13、一部改変

第1章 介護・福祉サービスの理解

10 要介護認定

　介護を受ける人が、どのくらい 介護を必要としているか、どのくらい ふだんの生活に 困っているかを はかるしくみが 要介護認定です。介護を受ける人は、まず要介護認定を 受けて、要支援状態か 要介護状態かを 決めてもらいます。その人の状態によって 受けられる介護サービスの 種類や量が ちがいます。

●要支援状態

　要介護度を 軽くしたり、要介護度が 悪くなったりすることを 防ぐために、支援が必要だと 見込まれる 状態か、身体的・精神的障害が あるため、日常生活に 問題があると 見込まれる 状態です。必要な支援の 程度によって 要支援１、２に わけられます。

●要介護状態

　寝たきりや 認知症 など、身体的・精神的障害があるため、入浴・排泄・食事など、日常生活で、いつも 介護が必要だと 見込まれる 状態です。要介護度１〜５に 分けられます。

MEMO

要支援状態と要介護状態の区分

状態区分	各状態区分の 平均的な 状態
要支援1	① 居室の掃除や 身のまわりの世話の 一部に 何らかの介助（見守りや手助け）を 必要とする。 ② 立ち上がりや 片足での 立位保持などの 複雑な動作に 何らかの支えを 必要とすることがある。 ③ 排泄や 食事は ほとんど 自分ひとりで できる。
要支援2	① 身だしなみや 居室の掃除などの 身のまわりの世話に 何らかの介助（見守りや手助け）を 必要とする。 ② 立ち上がりや 片足での 立位保持などの 複雑な動作に 何らかの支えを 必要とする。 ③ 歩行や 両足での 立位保持などの 移動の動作に 何らかの支えを 必要とする。 ④ 排泄や 食事は ほとんど 自分ひとりで できる。
要介護1	①〜④は要支援2と同じ。 ⑤ 精神・行動障害や 認知機能の 低下が 見られることがある。
要介護2	① 居室の掃除や 身のまわりの世話の 全般に 何らかの介助（見守りや手助け）を 必要とする。 ② 立ち上がりや 片足での 立位保持などの 複雑な動作に 何らかの支えを 必要とする。 ③ 歩行や 両足での 立位保持などの 移動の動作に 何らかの支えを 必要とする。 ④ 排泄や 食事に 何らかの介助（見守りや手助け）を 必要とする ことがある。 ⑤ 精神・行動障害や 認知機能の 低下が 見られることがある。

状態区分	各状態区分の 平均的な 状態
要介護3	① 身だしなみや 居室の掃除などの 身のまわりのことが 自分ひとりで できない。 ② 立ち上がりや 片足での 立位保持などの 複雑な動作が 自分ひとりで できない。 ③ 歩行や 両足での 立位保持などの 移動の動作が 自分で できないことがある。 ④ 排泄が 自分ひとりで できない。 ⑤ いくつかの 精神・行動障害や 全般的な 認知機能低下が 見られることがある。
要介護4	① 身だしなみや 居室の掃除などの 身のまわりのことが ほとんどできない。 ② 立ち上がりや 片足での 立位保持などの 複雑な動作が ほとんどできない。 ③ 歩行や 両足での 立位保持などの 移動の動作が 自分ひとりで できない。 ④ 排泄が ほとんどできない。 ⑤ 多くの 精神・行動障害や 全般的な 認知機能低下が 見られることがある。
要介護5	① 身だしなみや 居室の掃除などの 身のまわりのことが ほとんどできない。 ② 立ち上がりや 片足での 立位保持などの 複雑な動作が ほとんどできない。 ③ 歩行や 両足での 立位保持などの 移動の動作が ほとんどできない。 ④ 排泄や 食事が ほとんどできない。 ⑤ 多くの 精神・行動障害や 全般的な 認知機能の 低下が 見られることがある。

第1章 介護・福祉サービスの理解

11 介護サービスの分類

介護保険制度には、さまざまな **介護サービス**や **介護予防サービス**があります。

介護サービス

居宅介護サービス	
訪問介護	ホームヘルパーが訪問し、介護や生活援助をします。
訪問入浴介護	入浴車で訪問し、入浴の介護をします。
訪問看護	看護師や保健師が訪問し、療養の世話や診療の補助をします。
訪問リハビリテーション	理学療法士や作業療法士が訪問し、リハビリテーションをします。
居宅療養管理指導	医師・歯科医師・薬剤師・管理栄養士が訪問し、療養上の管理・指導をします。
通所介護 （デイサービス）	利用者がデイサービスセンターに日帰りで通い、食事・入浴などの介護サービスやリハビリテーションを受けます。
通所リハビリテーション	利用者が介護老人保健施設や指定事業所に日帰りで通い、リハビリテーションを受けます。
短期入所生活介護 （ショートステイ）	利用者が介護老人福祉施設（特別養護老人ホーム）などに短期間入所をして、食事・入浴・排泄などの介護サービスやリハビリテーションを受けます。
短期入所療養介護 （ショートステイ）	利用者が介護老人保健施設などに短期間入所し、医学的な管理のもとで、医療・介護・リハビリテーションを受けます。

特定施設入居者生活介護	有料老人ホームなどで、介護や機能訓練を受けます。
福祉用具貸与	福祉用具を貸し出しするサービスです。
特定福祉用具販売	福祉用具を販売するサービスです。

居宅介護支援

居宅介護支援	こころとからだの状況を考えて、居宅サービスなどを利用できるように、居宅サービス計画（ケアプラン）を作成するサービスです。

施設サービス

介護老人福祉施設	寝たきりなど、いつも介護が必要で、自宅では介護を受けることができない人に、介護や日常生活上の世話をする施設です。
介護老人保健施設	病状が安定していて、入院治療の必要はない人に、リハビリテーションを中心に、医療ケアや介護をする施設です。
療養型医療施設	長期間にわたり、療養が必要な人が、介護を受ける医療施設（病院）で、療養上の管理・介護・機能訓練などのケアをする施設です。（2024年3月末まで）
介護医療院	長期間にわたり療養が必要な人に、医療の提供と生活支援をする介護施設です。

地域密着型サービス

夜間対応型訪問介護	要介護3以上の人に、定期的な夜間巡回訪問介護サービスと通報に応じて自宅を訪問するサービスです。
認知症対応型通所介護	認知症の要介護者に特別養護老人ホームなどの施設に通ってもらい、施設内で入浴・排泄・食事などの介護や日常生活上のケアをするサービスです。
小規模多機能型居宅介護	デイサービスを中心に、要介護者の状態や希望に合わせて、訪問介護やショートステイを組み合わせて提供するサービスです。

第1章　介護・福祉サービスの理解

認知症対応型共同生活介護（グループホーム）	要介護者で認知症の利用者が、共同生活をする住居で、入浴・排泄・食事などの介護や、そのほかの日常生活上の世話をするサービスです。
地域密着型特定施設入居者生活介護	地域密着型特定施設（有料老人ホームやケアハウスなどで、定員が29人以下の施設）に、入居している要介護者に、入浴・排泄・食事などの介護や日常生活上の世話や機能訓練をするサービスです。
地域密着型介護老人福祉施設入所者生活介護	地域密着型介護老人福祉施設（特別養護老人ホームのうち、定員が29人以下の施設）に、入居している要介護者に、入浴・排泄・食事などの介護や日常生活上の世話や機能訓練をするサービスです。
定期巡回・随時対応型訪問介護看護	日中・夜間を通じて1日数回の定期的な訪問と随時（必要に応じて）、訪問介護・訪問看護を行うサービスです。
看護小規模多機能型居宅介護（旧複合型サービス）	小規模多機能型居宅介護と訪問看護のサービスを組み合わせたものです。
地域密着型通所介護	利用者が18人以下の小さい規模の通所介護です。

介護予防サービス

介護予防居宅介護サービス	
介護予防訪問入浴介護	入浴車で訪問し、介護予防のために、入浴介護をします。
介護予防訪問看護	看護師や保健師が訪問し、介護予防のために、療養の世話や診療の補助をします。
介護予防訪問リハビリテーション	理学療法士や作業療法士が訪問し、介護予防のためにリハビリテーションをします。
介護予防居宅療養管理指導	医師・歯科医師・薬剤師・管理栄養士が訪問し、介護予防のために、療養上の管理と指導をします。

介護予防通所リハビリテーション	介護老人保健施設や 指定事業所で 介護予防のために、リハビリテーションをします。
介護予防短期入所生活介護 （ショートステイ）	介護老人福祉施設（特別養護老人ホーム）に 短期間入所し、介護予防のために 食事・入浴・排泄などの 介護サービスや リハビリテーションをします。
介護予防短期入所療養介護 （ショートステイ）	介護老人保健施設に 短期間入所し、介護予防のために 医学的な管理で 医療・介護・リハビリテーションをします。
介護予防特定施設入居者生活介護	有料老人ホームで、介護予防のために、介護や 機能訓練をします。
介護予防福祉用具貸与	介護予防のために、日常生活や、機能訓練のための 用具を貸し出すサービスです。
特定介護予防福祉用具販売	介護予防のために、日常生活や、機能訓練のための 用具を販売するサービスです。

介護予防支援

介護予防支援	指定介護予防サービスが きちんと 利用できるように、利用者と 家族の 希望に合わせて、介護予防サービス計画を 作成する サービスです。

地域密着型介護予防サービス

介護予防認知症対応型通所介護	認知症の 要支援者に デイサービスなどの施設に 通ってもらい、介護予防のために 施設内で 入浴・排泄・食事などの 介護や日常生活上の 世話をします。
介護予防小規模多機能型居宅介護	デイサービスを中心として、要支援者の 状態や 希望に合わせて、訪問介護や ショートステイを 組み合わせて提供する サービスです。
介護予防認知症対応型共同生活介護 （グループホーム）	要支援者で 認知症の 利用者が、共同生活をする 住居で、介護予防のために、入浴・排泄・食事などの 介護や 日常生活上の世話をします。

出典：福祉事業開業支援.com、厚生労働省ホームページを参照し、筆者作成

12 介護職と医行為

　医行為は、医師や看護師でなければ、することが　できません。介護職員は研修を受けると、一部の医行為（痰の吸引、経管栄養）ができます。
　そのため、介護職員は、できる医行為と　できない医行為を　理解し、身体機能や　病気の知識を　高めましょう。そして、利用者の状態や　状況などの情報を、医師や看護師、リハビリテーションを　担当する　理学療法士（PT）や　作業療法士（OT）と　共有しておくことが　大切です。

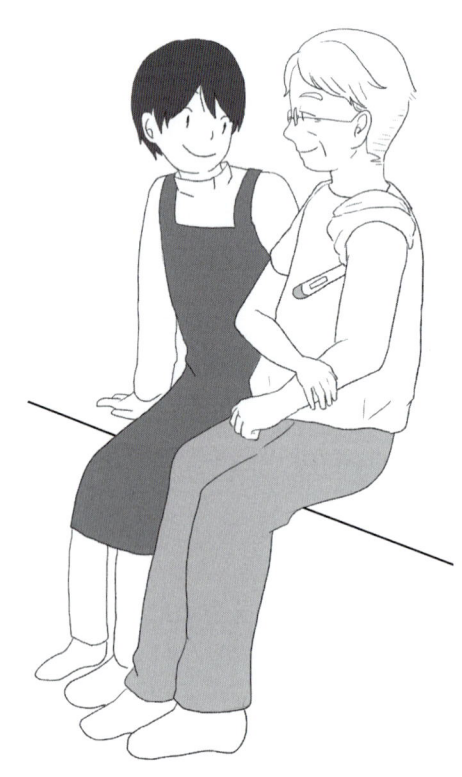

要点解説

●医行為
医師や看護師などの 資格を持っている人が、診療の補助として 行ったり、医師の指示で 行ったりすることが できるもの

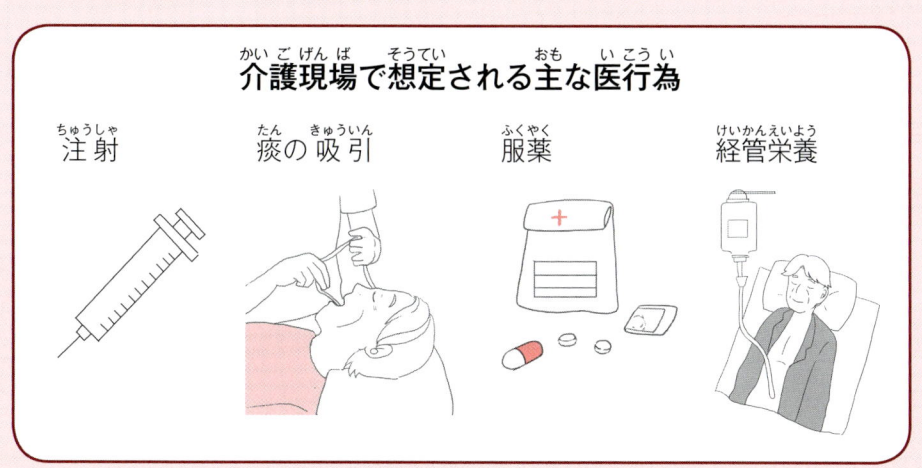

介護現場で想定される主な医行為

- 注射
- 痰の吸引
- 服薬
- 経管栄養

●非医行為
医師・看護師のもとで 行うことができる 医行為ではないもの

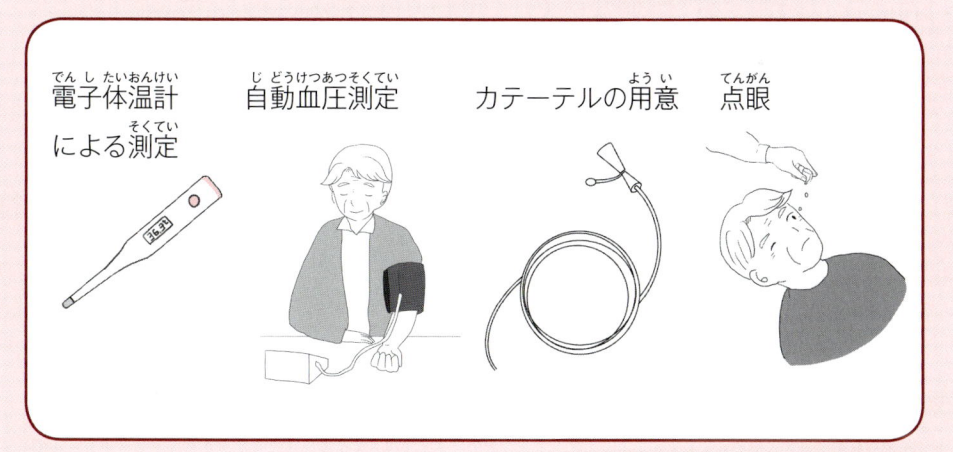

- 電子体温計による測定
- 自動血圧測定
- カテーテルの用意
- 点眼

第1章 介護・福祉サービスの理解　35

13 個人の権利

個人の権利を 守るため、被害を 防止する制度や 法律があります。

高齢者を守る制度

高齢者や 障害者、社会的な支援を 必要とする人の 生活や権利を 守るために、さまざまな制度があります。

・**生活保護制度**

最低限の生活の セーフティネットです。

・**成年後見制度**

判断能力が 不十分な人の 代わりをすることです。

・**高齢者虐待防止法**

虐待には 身体的虐待・心理的虐待・性的虐待・ネグレクト・経済的虐待があります。障害者を雇用する 事業者からの 虐待も 禁止されています。

被害を防止する法律

高齢者や 障害者、認知症の方が、悪い人に だまされて お金を取られてしまう事件が 多くなってきました。そこで、悪い人からの被害を 防止するための 法律があります。

・**消費者契約法**

消費者（買う人）と 事業者（売る人）との 取引で、不当な

勧誘で 契約した場合は、その契約を 取り消すことができます。

・特定商取引法

　訪問販売、通信販売、電話勧誘（電話で誘われる）販売で、消費者（買う人）が、しっかり 内容を理解しないで 買うことを 決めること（契約）で、被害を受けることを 防止するための 法律です。その契約の内容について 書かれた 契約書が、事業者から 消費者に 渡された日から 8日間以内であれば、クーリングオフ制度で契約を 取り消すことができます。

要点解説

● 虐待の種類

①身体的虐待
　高齢者の からだに、ケガや傷ができる、または ケガや傷ができるような暴行を 加えることです。

②心理的虐待
　高齢者に対して、はっきりと 暴言を言ったり、拒絶的な対応をしたり、こころを 傷つけるような言動を 行うことです。

③性的虐待
　高齢者に わいせつな行為をすること、または、わいせつな行為をさせることです。

④ネグレクト（介護・世話の放棄）
　高齢者を 衰弱させるように、ご飯を減らしたり、長時間 放置したり（放っておいたままにしたり）、養護者以外で 一緒に住んでいる人による 虐待を 放置したり、保護をしなかったりすることなどです。

⑤経済的虐待
　養護者 または 高齢者の親族が 高齢者の財産を 不当に 処分すること、または 不当に 財産上の利益を 得ることです。

MEMO

第2章

コミュニケーション技術と老化・認知症・障害の理解

1 介護におけるコミュニケーション

　コミュニケーションは、言葉だけでは　ありません。
　豊かなコミュニケーションは、よい人間関係づくりに　つながります。気持ちや思いが　うまく伝わらないと、相手に　誤解をさせてしまったり、悲しませたり、怒らせてしまうこともあります。
　介護職員は、利用者と家族の　こころに寄り添って、支援をしますから、豊かなコミュニケーションが　必要です。仕事でも、何をするのか、何をしたいのか、何をしたらよいのか、わかりやすく　伝えたり、聞いたりすることが　大切です。

要点解説

●言語的コミュニケーション（Verbal）
言語、文字、点字、手話などがあります。

●非言語的コミュニケーション（Non-Verbal）
態度、表情、視線、ジェスチャーなどがあります。

●双方向のコミュニケーション手段の要点
①Aさんが　コミュニケーションを始めます。
②Aさんの　思いや　感情が　メッセージとなります。
③Bさんは　Aさんからの　メッセージを　Bさんの　チャンネルを通して受けます。
④Bさんは　自分の　思いや　感情を　Aさんに　送ります。
⑤Bさんの　思いや　感情が　メッセージとなります（フィードバック）。
⑥Aさんは　Bさんからの　メッセージを　Aさんの　チャンネルを通して受けます。

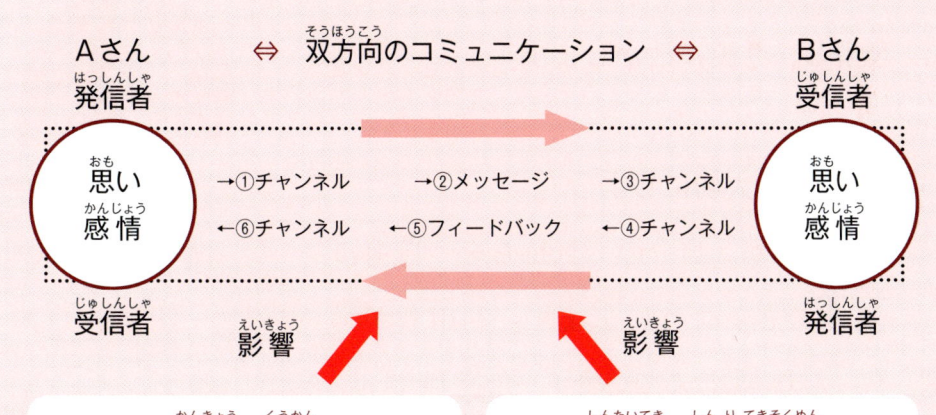

```
        Aさん        ⇔  双方向のコミュニケーション  ⇔        Bさん
        発信者                                              受信者
        ┌─────┐                                       ┌─────┐
        │ 思い │  →①チャンネル  →②メッセージ  →③チャンネル  │ 思い │
        │ 感情 │  ←⑥チャンネル  ←⑤フィードバック ←④チャンネル │ 感情 │
        └─────┘                                       └─────┘
        受信者                                              発信者
                    影響                      影響
```

【環境・空間】
照度、空調、広さ、におい、外部の騒音、時間、整理整頓、清掃　など

【身体的・心理的側面】
身体状況や体調、こころもち

出典：野村豊子編『コミュニケーション技術』介護福祉養成テキストブック、ミネルヴァ書房、2010年、4ページ、図1-3より改変、『介護職員初任者研修テキスト第2巻』、日本医療企画、2018年、5ページ、図表1-1-1

2 相談援助の基本の7原則

　介護職員は、いつも利用者や家族の気持ちや考えを聞いて、理解し、必要な生活支援をしていかなければなりません。コミュニケーションでも、アセスメントや介護目標を意識します。プライバシーや個人情報を守ることにも注意します。

①個人を　大切にしよう
　　利用者のことを、とても大切な人として尊重することです。生活歴や価値観など、利用者のさまざまな側面を理解し、介護に活かします。

②感情を　大切にしよう
　　利用者が自分の気持ちを自由に表現できるようにします。利用者が怒ったり、悲しんでいたら、介護職員は、安心させ、リラックスさせます。

③自分を　理解しよう
　　介護職員は、常に冷静な気持ちで、自分の感情やこころの状況を知っておくことが大切です。

④相手を そのまま 受け止めよう

　　利用者の ありのままの 姿や 気持ちを そのまま受け止めます。利用者の 言葉や行動に、拒否や否定の 言葉を 使わない コミュニケーションを するようにします。

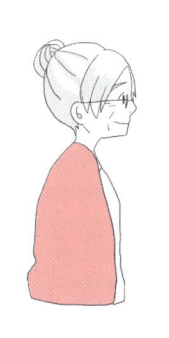

⑤一方的に 非難しないようにしよう

　　利用者の 言葉や行動を、介護職員の 勝手な判断で 批判したり、非難したり しては いけません。言葉や行動の背景を 考えてみましょう。

⑥自己決定を 大切にしよう

　　利用者が、自分で 何をしたいのか、何をするのか 決められるようにします。自分で決めるのが 難しい場合も、見守る姿勢が 大切です。

⑦秘密を 守ろう

　　介護支援を通じて 知った 利用者の 個人情報を、ほかの 人や 外の人に 話したりしては いけません。信頼関係を 大切にしましょう。

第2章　コミュニケーション技術と老化・認知症・障害の理解　●　43

3 介護記録

介護は、介護職員と、看護師や 理学療法士、作業療法士、管理栄養士などが 協力して チームで 取り組むものです。**介護記録**は、利用者の 様子や情報を チームのなかで 共有するためと、利用者への サービスの質を 上げるために、必要です。

記録するときの ポイント

①的確で 簡単に、必要ならば、会話も 書きます。

そして、誰が 読んでも わかるようにします。

※**5W 1H**で 書くと、わかりやすくなります。

いつ（When）、どこで（Where）、誰が・誰を（Who, for whom）、何（What）、なぜ（Why）、どのように（How）しました。

②本当のことを 書きます。

③必要なことを きちんと 書きます。

④利用者に対して、自分が取り組んだことの 理由や結果を 書きます。

⑤署名・捺印をします。

記録の書き方

> 朝6時。さくらユニットの　Aさんから　ナースコールがあった。わたしが、さくらユニットに　行ったら、Aさんは　しりもちを　ついていた。朝起きて、トイレに　行こうとして、起き上がり　手すりを　持ったが、ベッドから　落ちたようだ。

COLUMN

ホウレンソウ（報告・連絡・相談）

　どんな仕事でも　新人研修では、よく「ホウ（報）レン（連）ソウ（相）が大切」と言われます。

　日本人が　仕事をするときに、もっとも　大切にしているのは、何をしたのかを「報告」し、情報を　共有するために「連絡」をする、そして　困ったときや　悩んだときは「相談」をすることです。勝手に　自分で　判断をすると、後で大変な問題になったりします。

　わからないことは　決して　恥ずかしいことではありません。まだ　慣れないときは、「すみませんが、教えてもらえますか」　と言うとよいでしょう。「わかりません」と言うよりも、「教えてもらえますか」と聞けば、日本人の同僚も先輩も　ていねいに教えてくれるでしょう。

4 老化によるこころとからだの変化の観察ポイント

人は 年をとることで、こころと からだが 変化します。個人差はありますが、老化では さまざまな 能力が 低下していきます。

観察のポイント

①**体温**：毎回 決まった時刻に 測定。36.5〜37℃が 平熱で、37.1℃以上は 発熱、35℃以下は 低体温。

②**血圧**：自動血圧測定器で 測定。測定の時間帯や気候、運動などにより 数値は 上下する。

③**呼吸**：回数、深さの変化、リズムの 乱れがないか。一般的には、1分間に 12〜20回。

④**脈拍**：人差し指、中指、薬指の3本を そろえて 血管にそって軽く当てて 測定。一般的には、1分間に 60〜80回。

⑤**意識**：手足の動きが 悪い、ろれつが 回らない、頭を 痛がるなど。意識障害は 緊急の対応が 必要になる。

⑥**表情・顔色**：顔色は どうか、苦痛や不安な顔を していないか、ぼんやりしていないか、意識はあるか など。

⑦**口・嚥下**：舌や口の中が 乾いていないか、歯茎が はれていないか、出血していないか、口臭が 強くないか、飲食物を飲み込むことが できているか。

⑧ **尿・便**：尿の量は 多いか少ないか、腎臓の病気か、また便は 便秘か 下痢のトラブルはないか など。

⑨ **浮腫（むくみ）**：指で 肌を押すと、へこみが できるか。寝たきりの人は 背中側も 確認する。

⑩ **しびれ**：ビリビリ、ジンジン といった感覚があるか。部位、頻度、時間帯、状況なども 確認する。

⑪ **言語機能**：言葉を 話せない「失語症」や、正確に 発音できない「構音障害」がないか など。

⑫ **視力**：充血・目やに・涙・まぶたの むくみがないか、白目は黄色くないか、物が かすまないか など。

⑬ **聴覚**：電話に 気づかない、話し声やテレビの音量が 必要以上に 大きい。聞き間違いが 多い など。

⑭ **関節**：関節が 突っ張るような 痛みや腫れはないか、立ったり座ったりすると 膝の内側が 痛くないか など。

⑮ **脱水**：皮膚が 乾燥していないか など。

⑯ **睡眠**：日中の生活に 元気があるか ないか、日中に 強い眠気はないか など。

⑰ **食事**：毎日の 食事内容は バランスが とれているか。

⑱ **歩行**：立っているときに 傾いていないか、手足に 痙攣がないか、動きが ゆっくりすぎていないか、まひがないか、筋力が 低下していないか など。

⑲ **めまい**：めまいの時間、耳鳴りや 難聴・頭痛などがないか、意識を 失っていないか など。

第2章 コミュニケーション技術と老化・認知症・障害の理解　47

5 高齢者に多い疾病

老化によって、かかりやすくなる病気があります。

要点解説

●**生活習慣病**

脳血管疾患：脳出血、脳梗塞（脳血栓、脳塞栓）、くも膜下出血など。突然、発作を起こすこともあります。

心疾患：生活習慣により発症する（起こる）心臓病です。狭心症、心筋梗塞などがあります。

腎臓病：急性腎炎や慢性腎炎、ネフローゼ症候群など。糖尿病の悪化から血液透析を必要とします。

肝臓病：アルコールやエネルギーの過剰摂取（とりすぎること）によって起こる肝硬変とウイルス性肝炎などがあります。

糖尿病：生活習慣病のなかでよくあるもののひとつです。食事療法、運動療法、薬物療法（インスリン製剤の皮下注射、血糖降下剤）などの治療方法があります。

歯周病：歯茎や、歯を支える骨など、歯の周りに起こる病気です。歯周病が引き起こす病気に脳梗塞や心筋梗塞、糖尿病、誤嚥性肺炎があります。毎食後の歯磨きで、歯垢を除去する（取り除く）ことが大切です。

高血圧症：代表的な生活習慣病で、塩分や酒の過剰摂取、肥満などが原因といわれる本態性高血圧、大動脈壁の硬化が主な原因の老人性高血圧などがあります。

●その他の高齢者に多い疾病（病気）と症状

脱水症：脱水症とは、からだの中の水分が減り、体重が 3〜5％減少すると軽度、6〜9％減少すると中等度、10％以上減少すると重度となります。とくに認知症の高齢者は「喉が渇いた」とは言わないので、こまめに水分補給し、水分摂取量の確認をします。

構音障害：言葉を理解できるが、発音が正しくできない障害です。

失語症：言葉を聞いたり、文字を読んでも理解できないが、一方的に話すことができるウェルニッケ失語（感覚性失語症）と、相手の話や文字を理解できるが、自分では言葉にして発することができないブローカー失語（運動性失語症）があります。

認知症：脳の病気に伴い、脳の機能に支障をきたし、これまでのような生活が送れなくなります。

歩行障害：脳梗塞や脳出血による運動まひ、パーキンソン病、神経の損傷、骨や関節のトラブルなどにより、歩行に障害が生じます。

関節痛：変形性膝関節症、関節リウマチなどがあります。場合によっては歩くことが難しくなることもあります。

嚥下障害：舌やのどの筋肉が思うように働かないので、うまく飲み込むことができません。誤嚥にならないように注意します。

掻痒症：乾燥が原因の老人性皮膚掻痒症、からだ全体にかゆみのある汎発性皮膚掻痒症、部分的にかゆみのある限局性皮膚掻痒症などです。風呂や暖房の温度設定、パッドの長時間使用など、日常生活で皮膚の乾燥になる原因がないか確認します。

白内障：目の水晶体が白く濁ってくる病気で、かすんで見えたり、ぼやけて見えたりします。

低栄養：肝臓の疾患、腎不全、消化・吸収力の低下、がんやうつ病、アルコール依存症により、発症する（起こる）病気です。

6 認知症の原因となる主な疾患と症状

　重い認知症に　なってしまった多くの人は、自分が　病気であることを　わかっていません。そのため、その行動の　間違いを　注意されたり、できなくなったところを　訓練しようとしたりすると、その人は「何か　嫌なことをされた」と　思ってしまいます。

　認知症の人の　できなくなってしまったことや　苦手となってしまったことばかりを　見ないで、その人の生活歴（人生）と　気持ちや思いを　しっかりと　理解して、残された　能力や意欲を　引き出していくことが　大切です。

要点解説

●アルツハイマー型認知症
　脳の神経細胞が　だんだんとなくなり、脳が　小さく縮んでいく病気です。アルツハイマー型認知症は、ゆっくりと　進行します。
　特徴：初期は　記憶障害、中期は　見当識障害、遂行機能障害、後期は　寝たきり状態になります。女性が　なりやすい病気です。

●脳血管性認知症（まだら認知症）
　脳梗塞や　脳出血という　脳血管疾患によって　起こります。脳血管疾患の　発作のたびに、認知症も　悪化します。
　特徴：まだら認知症。男性が　なりやすい病気です。

● レビー小体型認知症
　レビー小体という 特殊な物質が 脳の 神経細胞のなかに 出た 結果、認知症になることが わかっています。
　特徴：幻覚（実際には ないものや 聴こえないものが 見えたり 聴こえたりする）、誤認（見間違い）、幻視（実際にはいない 小動物や 人が はっきり見える）が起きます。パーキンソン症状を 伴います。

● 前頭側頭葉変性症（ピック病）
　前頭側頭葉変性症によって 起こる 認知症で、前頭側頭が 小さく縮んでいく 病気です。
　特徴：人格変化は、本能のままに 行動するようになり、「人が変わった」と 言われるようになります。また、本人にとっての 決まり事が あり、決まったものしか 食べない、決まった時間に 決まった 行動をとる 常同行動があります。止めると、興奮したり、暴力を ふるったりします。

● 慢性硬膜下血腫
　頭を 打ったときの 内出血により 起こります。治療によって 回復が 可能な 認知症の 原因疾患です。治る認知症です。

● 正常圧水頭症
　脳のある部分に 髄液という液体が たまって、まわりの脳を 圧迫することによって 起こります。

● 若年性認知症
　18～64歳で 発症する（起こる） 認知症です。

7 認知症の中核症状と周辺症状

認知症の症状は中核症状と周辺症状（BPSD）に分けられます。

認知症の症状

①中核症状

認知症の原因となる病気によって、脳細胞が萎縮したり変性したりすることにより起こる症状のことです。

例：記憶障害と見当識障害（失見当）、失語、失行、失認、遂行（実行）機能障害など

②周辺症状

記憶や認知機能に障害のある人が、現実の生活に適応しようとしたときに起こる症状のことです。認知症の行動・心理症状（behaviaoral and psychological symptoms of dementia：BPSD）ともいいます。

例：行動症状…攻撃、徘徊、多動、過食、不潔行動　など
　　心理症状…妄想、幻覚、不安、抑うつ　など

中核症状と周辺症状

周辺症状（BPSD）
- 不眠
- 妄想
- 徘徊
- 抑うつ
- 不安
- 幻覚
- 不穏
- 攻撃的
- 多動
- 収集癖
- 過食
- 不適切な行動

中核症状
- 記憶障害
- 失認・失行
- 判断力の低下
- 見当識障害

　中核症状は、程度の差はありますが、認知症の人にほぼ共通に起こります。

　周辺症状（BPSD）は、認知症の人が生活している環境に、大きな影響を受けます。環境をその人に合わせて調整することで支援します。環境には内部環境と外部環境があります。

　内部環境…体調（便秘、下痢、脱水、不眠、発熱など）、ストレス、不安感など

　外部環境…うるさい音、強い光、影、広い部屋、家族や介護職員など

8 認知症ケア

　認知症の人は、自分自身の思いや感情を言葉で伝えたり、何をするかを決めたりすることが難しくなります。
　そのため、介護職員は認知症の人の立場になって、その思いや、何をしたいのかということを推察しないと援助することができません。認知症の人に寄り添うケアが必要です。

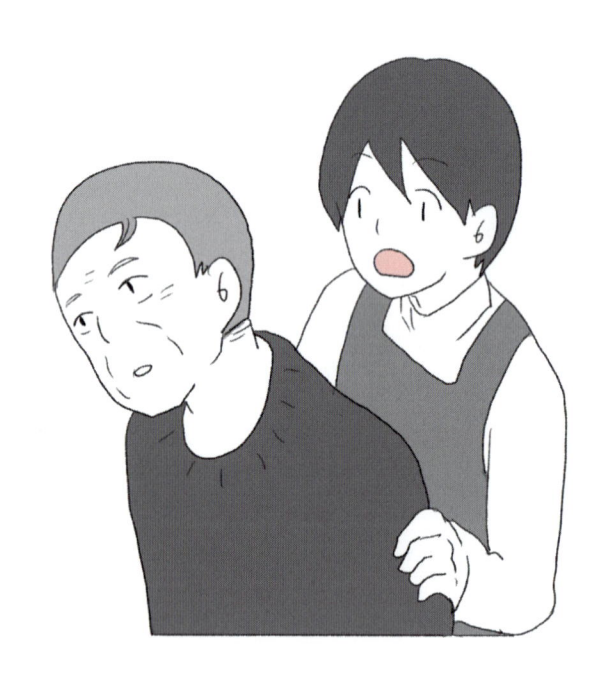

ケアのポイント

①**コミュニケーションのコツ**

・穏やかな声で、短く わかりやすく話します。

「お昼になりましたので、今から食堂に行きますから、上着を着ましょうか」⇒「お昼になりました。今から食堂に行きます。上着を着ましょう」

・非言語的（Non-Verbal）コミュニケーションを 活用します。
　表情、身ぶり（ジェスチャー）、タッチング など

②**認知症の人の 生活歴・性格・価値観を 知る**

・今まで、どんな生活をしてきたか。どんなところに 楽しみややりがいを 感じていたか。家族、仕事、趣味、好きなものは何かなどを 手がかりに、認知症の人の 性格や価値観を 探ります。

③**基本的な生活を整える**

・朝起きてから 夜寝るまでの リズムを 大切にします。

④**環境を整える**

・今まで 生活してきた 居心地のよい 環境にします。

⑤**もっている力を引き出す**

・できることは 自分でやってもらい、残された能力を 引き出して、「やってみたい」という気持ちに なってもらうようにします。

9 家族への支援

認知症の人を介護している家族は、さまざまな負担を抱えています。

そのため、うつになったり、からだの調子が悪くなったり、イライラして怒鳴ったりしてしまいます。

介護職員は、介護している家族の気持ちを理解したうえで、エンパワメントやレスパイトサービスを受けてもらうようにします。

レスパイトサービスの方法には、訪問介護、デイサービス、ショートステイの利用があります。

サービスについて、知識と情報を家族に提供します。

要点解説

●エンパワメント
　家族介護者が、その人自身の力で　今の状況を　乗り越えられるよう、家族介護者の力を　もっと強くすることができるように　支援することです。

●レスパイトサービス
　家族介護者の　大きな負担を　軽くするために、認知症の人と　家族介護者が　一時的に　離れることで、家族介護者が　休みを　とれるように　支援することです。

　訪問介護：ホームヘルパーが　利用者の家を　訪問して　介護サービスをすることです。

　デイサービス：利用者が　日帰りで　デイサービスセンターなどに　通い、介護サービスを　受けることです。

　ショートステイ：利用者が　介護老人福祉施設（特別養護老人ホーム）などに　短期間　入所して、介護サービスを　受けることです。

10 障害の基礎的理解

　介護では、疾患（病気）や傷害（ケガ）により障害がある人にも、その人らしく生きていけるよう、一人一人に合った対応をすることが重要です。
　障害者福祉では、ノーマライゼーションをさらに進め、障害があるかないかにかかわらず、すべての人が同じ社会で包み支え合い、ともに生きるという**インクルージョン**の考えが大切です。

要点解説

●障害者基本法
　障害者基本法では、障害者は身体・知的・精神、そのほかの心身の機能の障害がある人、日常生活や社会生活が難しい人のことと定めています。

●身体障害者福祉法
　身体障害者の日常生活と社会生活を総合的に支援するための法律です。
　身体障害者障害程度等級は1～7の等級に分かれています。
　障害の程度が重いほうの1級～6級と認定された人には、身体障害者手帳が交付されます。税金の一部免除や、さまざまな福祉サービスの利用が可能になります。

●国際生活機能分類（ICF）
　世界保健機関（WHO）が定めた分類です。ICFでは、人間の生活機能を

「心身機能・身体構造」「活動」「参加」に分けます。そして、これらの生活機能は「健康状態」に左右され、生活環境の「環境因子」と年齢・生活などの「個人因子」に影響されます。

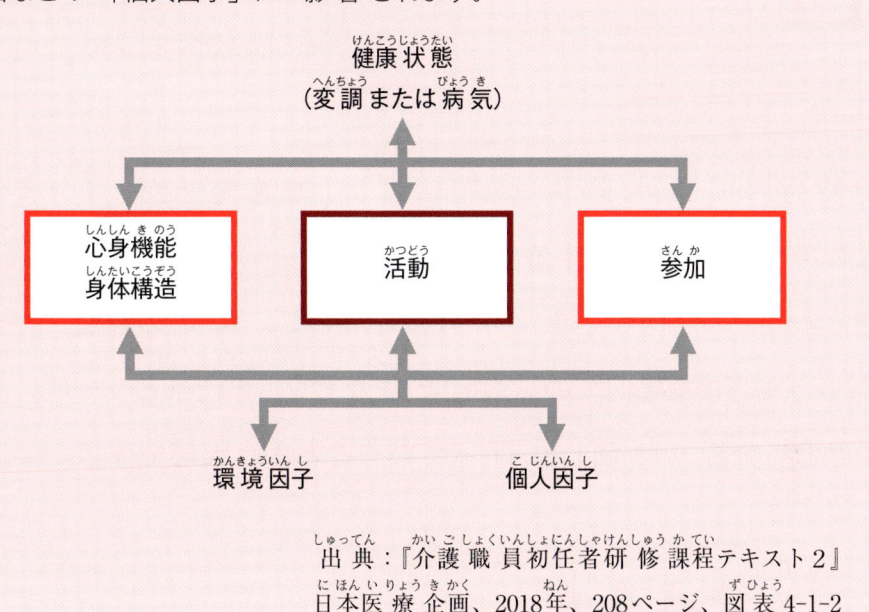

```
                健康状態
              （変調または病気）
                    ↕
    ┌─────────┐  ┌─────────┐  ┌─────────┐
    │ 心身機能 │←→│  活動   │←→│  参加   │
    │ 身体構造 │  │         │  │         │
    └─────────┘  └─────────┘  └─────────┘
          ↓              ↓
       環境因子        個人因子
```

出典：『介護職員初任者研修課程テキスト2』
日本医療企画、2018年、208ページ、図表4-1-2

COLUMN

同僚とのつきあい方

日本人の コミュニケーションは、白黒 はっきりしないから わかりづらい と言われます。「食べないわけではない」というような 「ない」「ない」づくし（二重否定）の 会話は、私たち 日本人でさえ わかりづらいものです。

外国人介護職員の 皆さんにとって、日本人は YES・NOが はっきりしないと 感じることが 多いかもしれません。

でも、それは あなたに 意地悪を しているのではありません。日本人は、相手の気持ちを察する 話し方をするため、相手に 会話の答えを 託すことがあります。わからないときは、自分で 勝手に 判断するのではなく、必ず 聞き返して 質問してください。

お互いに しっかりと コミュニケーションが とれるようになれば、働く 環境は もっと よくなるはずです。

第2章　コミュニケーション技術と老化・認知症・障害の理解　59

11 知的障害、精神障害、発達障害

障害には、知的障害や 精神障害、発達障害が あります。これらの 障害者に対する支援は、一人一人の状態や日常生活を送るうえでの 困難さを 十分に理解して、障害の程度、行動の特徴、さまざまな場面での 適応能力などを、専門家と 一緒に しっかりと 分析・評価し、行っていくことが 大切です。

要点解説

●**知的障害**
全般的な知的機能が 平均以下（IQ70以下）。日常生活での 適応行動が年齢相当の基準より 低く、18歳未満に 発症します。

●**精神障害**
精神障害者保健福祉手帳が 交付され、障害の程度は 重いほうから1〜3の等級に わけられます。
[精神障害の種類]
・統合失調症
　幻覚・妄想、思考・認知の障害、感情・意欲の障害。
・気分障害（双極性障害）
　うつ病と 躁うつ病。
・アルコール依存症（アルコール使用障害）
　お酒を飲んでいないと 意識障害や 暴力をふるってしまうほど、お酒に 頼っていること。

● **発達障害**
発育の遅れている子どもや　引きこもりの子どもは　含みません。手帳の制度化は　行われていないため、一部の発達障害には　精神障害者保健福祉手帳で　対応します。

[発達障害の種類]

・**自閉症**
3歳ころから、3つの　大きな特徴が　みられます。
①人と　目を合わせない、交流を求めない。
②言葉の遅れ、オウム返し発語、ジェスチャー表現が　できない。
③特定の物や　記号への　固執（こだわり）、ごっこ遊びが苦手。

・**アスペルガー症候群**
コミュニケーションが苦手で、こだわりが強い。

・**注意欠陥多動性障害（AD/HD）**
（注意欠如・多動症／注意欠如・多動性障害）
場面に関係なく、いつも動いている。

・**学習障害（LD）（限局性学習症／限局性学習障害）**
知的障害ではないが、文字の読み書き、計算などの学習に　遅れがみられるもの。

MEMO

12 障害児・者の家族の心理

　障害児・者の家族は、さまざまな不安やストレスを感じています。そのため、介護職員は、障害児・者だけでなく、家族らのニーズを理解し、寄り添うことが必要です。
　障害児・者の家族に、「親の会」や社会資源の活用（放課後等デイサービスの利用）を伝えることも大切です。

要点解説

● 障害受容の5段階

ショック
↓
否認
↓
悲しみと怒り
↓
適応
↓
再起

障害受容では、家族の 心理状態が 5つの段階に 変化していきます。
①ショック：障害を 知ったことによって ショックを 受けます。
②否認：障害を 認めたくないという 気持ちになります。
③悲しみと怒り：障害が 事実だとわかり、悲しみと怒りで、心が いっぱいになります。
④適応：感情的になっても 仕方がないと わかり、前向きになろうと がんばり始めます。
⑤再起：障害を もっていることを 前向きに 考えるように なります。

COLUMN
仕事は待っているのではなく自分から積極的に

あるフィリピン人介護職員の Rさんのことです。
　彼女の 最初の仕事は、食事介助と 口腔ケアでした。Rさんは、どうしたら もっと 気持ちよく 口腔ケアが できるだろうかと ドラッグストアに通い、歯ブラシを買っては いろいろ試してみたそうです。また、入れ歯の 洗い方も 試したそうです。そして、カンファレンスのたびに、スポンジブラシを 導入してほしいと 提案しました。時には 自分で スポンジブラシを 作り 使ったことも あったそうです。すると、彼女の努力を 見守ってきた 施設長が、スポンジブラシの導入を 決めたのです。
　自信をつけた Rさんは、早く 次の仕事を 覚えたい、やってみたいと思い、勇気を出して、その気持ちを リーダーに 伝えました。すると、Rさんは、先輩から おむつ交換や排泄介助を 教えてもらい、仕事の領域を 広げていくように なりました。
　介護の仕事も 自分から 積極的に 動くことで、活躍できる 場所を 広げていくことが できるのです。

> 覚えておこう!

車いすを押す介助

車いすに乗っている利用者はどこへ行くのか不安になります。必ずどこへ行くのか、前に進むのか、後ろに進むのか、はじめにきちんと動くことを利用者に伝えてから、進みましょう。

段差を上がる時、介護職員はティッピングレバーを強く踏んでキャスタ（前輪）を上げます。段差を下りるときは、後ろ向きですから、利用者はもっと不安になります。下りる前に安心できるように声をかけます。後ろ向きでゆっくり静かに下ります。キャスタ（前輪）が段差の際に来たら、ティッピングレバーを踏んで、キャスタ（前輪）を上げて、後ろに引きながらキャスタ（前輪）をゆっくりと静かに下ろします。

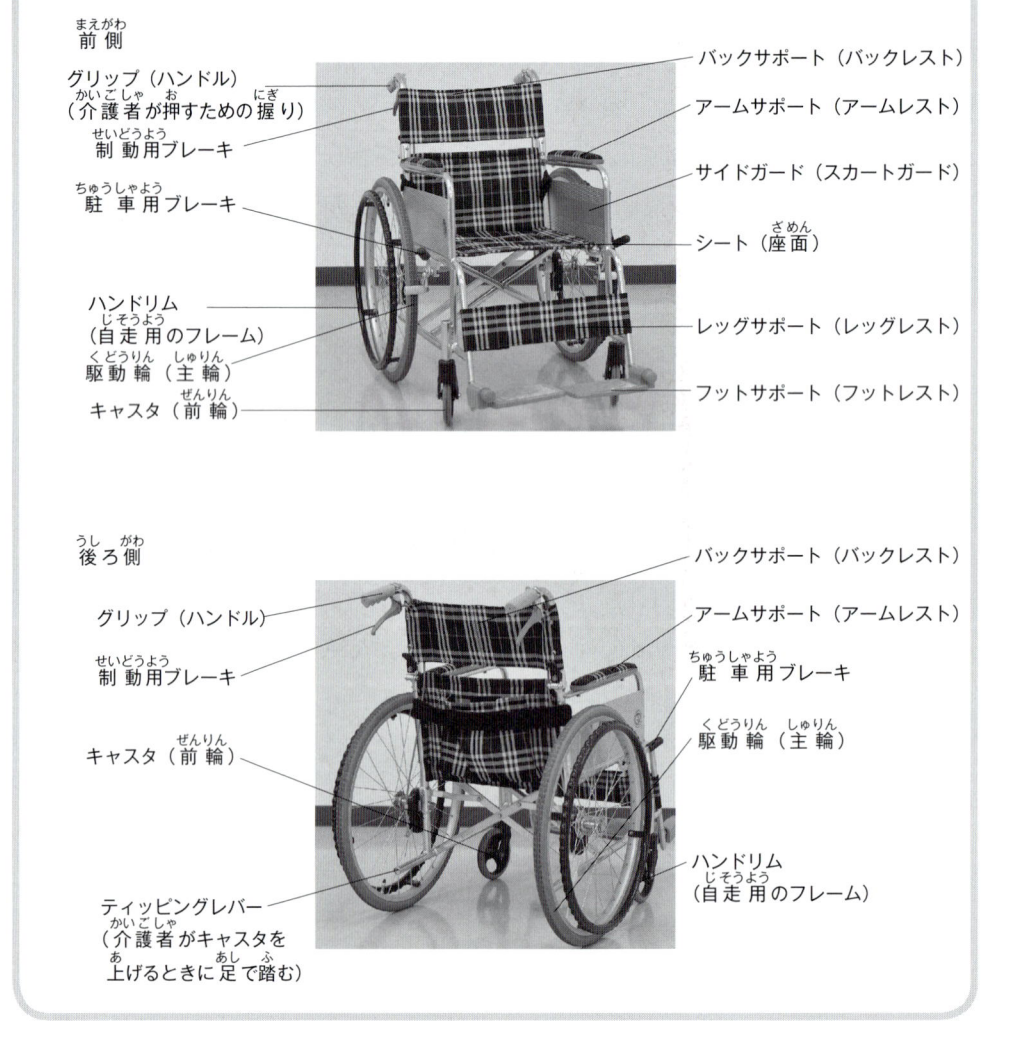

前側

- グリップ（ハンドル）（介護者が押すための握り）
- 制動用ブレーキ
- 駐車用ブレーキ
- ハンドリム（自走用のフレーム）
- 駆動輪（主輪）
- キャスタ（前輪）
- バックサポート（バックレスト）
- アームサポート（アームレスト）
- サイドガード（スカートガード）
- シート（座面）
- レッグサポート（レッグレスト）
- フットサポート（フットレスト）

後ろ側

- グリップ（ハンドル）
- 制動用ブレーキ
- キャスタ（前輪）
- ティッピングレバー（介護者がキャスタを上げるときに足で踏む）
- バックサポート（バックレスト）
- アームサポート（アームレスト）
- 駐車用ブレーキ
- 駆動輪（主輪）
- ハンドリム（自走用のフレーム）

第3章

こころとからだのしくみと生活支援技術

1 記憶

記憶には、3つの働きがあります。
・新しい情報を覚える「記銘（符号化）」
・覚えた情報を忘れないように覚えておく「保持（貯蔵）」
・保持された情報を思い出す「想起（検索）」

この3つの働きが、すべて正常に機能しなければ、記憶は正確に働きません。

なお、想起の方法には、記憶した内容をそのまま思い出す「再生」と、手がかりと記憶した内容を照らし合わせて思い出す「再認」があります。

記憶の過程

記銘（符号化） → 保持（貯蔵） → 想起（検索）

出典：『介護職員初任者研修課程テキスト3』日本医療企画、2018年、17ページ

記憶は、情報が保持される時間の長さによって、感覚記憶、短期記憶、長期記憶の3つに分けられます。

要点解説

●**感覚記憶**
目や耳などから 入る情報の ごく短い時間の 記憶のことです。

●**短期記憶**
情報を 覚えている時間が、数分～数日単位の記憶のことです。

●**長期記憶**
情報を 覚えている時間が、数週間～数十年単位の記憶のことです。

①陳述（宣言的）記憶
　　記憶の内容を 言葉で 話すことが できます。
　　意味記憶：知識や言葉の 意味についての 記憶。
　　エピソード記憶：個人的な体験や出来事についての 記憶。

②非宣言的記憶
　　記憶の 内容を 言葉で 話すことが できません。
　　手続き記憶：からだで 覚えている記憶。
　　プライミング：関連情報の 記憶。

MEMO

記憶のつぼ

脳は、目や耳などから入る たくさんの 情報のうち、必要なものや関心があるものは 一時的に 蓄え、大事な 情報は 忘れないように 長期間保存するように できています。しかし、脳の一部の細胞が壊れ、そのはたらきを 失うと、覚えられない、すぐ忘れるといった 記憶障害が 起こります。記憶をつかさどる器官（海馬）の はたらきを、「イソギンチャク」と「記憶のつぼ」に たとえて 考えてみると、下の図のようになります。

●大切な情報　　◐関心のある情報　　○無駄な情報

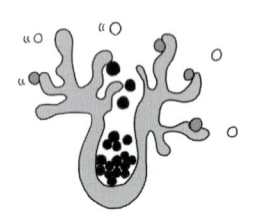

若い時

イソギンチャクの手が 活発にはたらき、自分にとって大切な 情報を 選んで「記憶のつぼ」に 入れ、普段は思い出さなくても、必要なときに 取り出すことができます。

正常な老化

一度にたくさんの 情報を 捕まえておくことができなくなり、「記憶のつぼ」に 入れるのに 時間がかかります。失敗もしますが、大事な 情報を「記憶のつぼ」の中に 入れたり、中から必要な 情報を 出したりできます。

認知症になると
（覚えられない）

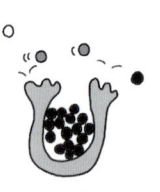

イソギンチャクの手が 衰えて、新しいことや大切なことも「記憶のつぼ」に 入れられなくなります。つい先ほど聞いたことも 思い出せなくなります。

認知症が進行
（覚えていたことを忘れる）

「記憶のつぼ」の中に 入れて覚えていた 昔の記憶も、大事な 情報も 消えていってしまいます。

出典：『認知症サポーター養成講座標準教材』
特定非営利活動法人地域ケア政策ネットワーク

2 脳の構成と機能

　神経は 中枢神経系（木にたとえると「幹」）と 末梢神経系（木にたとえると「枝」）の2つからできています。
　中枢神経系とは 脳と 脊髄（脳と 末梢神経を つなぐ役割）です。脳は、大脳、小脳、脳幹、間脳で、できています。脳は、体重の 40分の1の 重さがあり、からだの 全血液量の 約5分の1を 必要とします。

脳の構成と機能

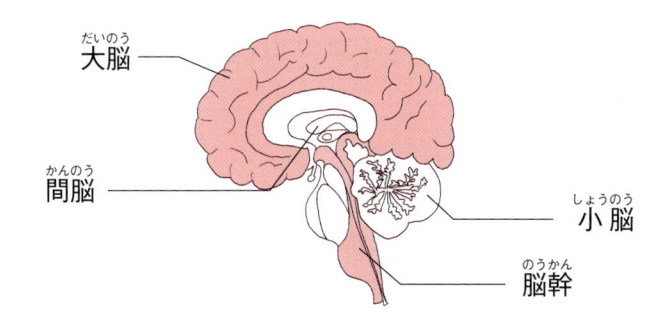

- 大脳
- 間脳
- 小脳
- 脳幹

大脳：考えたり、覚えたり、決めたり、情報を分析したり、感情をコントロールしたり しています。

小脳：歩く、走る、立つ、座るなどの運動が スムーズにできるようコントロールしています。

脳幹：心臓を動かしたり、消化したり、生きるためのはたらきを しています。

間脳：満腹になる、お腹が減る、水が飲みたくなるよう 刺激し、体温を一定に 保ちます。ホルモンの調節も しています。

第3章　こころとからだのしくみと生活支援技術　69

3 家事支援

　家事支援は、家事代行にならないように、一人一人にあった 介助をします。利用者にできることは してもらうように、利用者の「やりたい」気持ちを 引き出しているかが 大切です。

例）買い物支援

　買い物支援の 目的は、買い物をすること だけでなく、利用者の外出も 目的の ひとつです。

買い物支援のポイント

①利用者が 選べるようにします（自己決定）。

②どこまで 行くことが できるか 考えます。

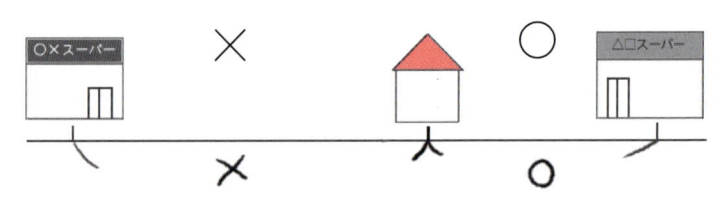

③介護者が 一人で 行くときは、利用者のほしいものが なかったとき、どうするかを 決めておきます。

④買い物から 帰ってきたら、利用者本人と 買ったものを 確認します。

　買い物支援では、時間内で 援助が 終われるように、事前に 買いたい 商品を 決めておきます。そして、お金を いくら預かり、いくら使ったのか、残りは いくらなのかを わかるようにして、お金を 管理します。介護職員の 財布を いっしょにして 使ってはいけません。

第3章 こころとからだのしくみと生活支援技術

4 居住環境

利用者が 快適で 落ち着くと 感じられる 居住環境にします。

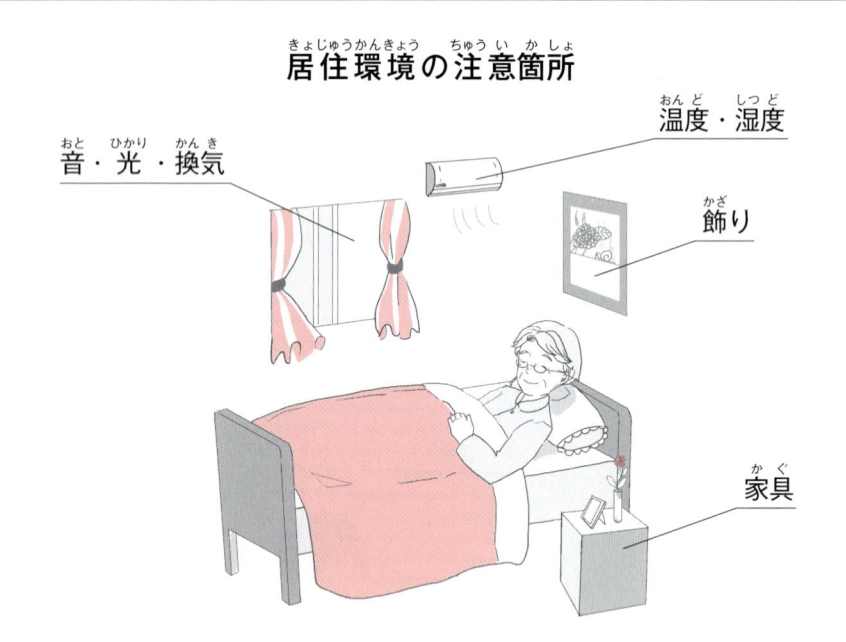

居住環境の注意箇所

- 温度・湿度
- 音・光・換気
- 飾り
- 家具

音：利用者の 好みの大きさや 音楽、利用者の その日の気持ちや 状態によって、その音が 快適かどうか わかります。

光：利用者の 視力を 考えて 明るさを 調整します。

温度：室内と外の 気温差を 5℃以内にします。
　　　⇒ 夏25～27℃、冬18～23℃

湿度：一定に 保ちます。
　　　⇒ 夏55～65%、冬45～60%

換気：木造以外の 建物のときは、こまめに 換気をします。

家具：利用者が 生活しやすいように 家具を 配置します。

飾り：利用者の好みや 癒しになるよう 考えます。

要点解説

● 住居の安全と事故防止

高齢者は、段差のない 平面のところでも 転んだりします。以下の点などに 注意しましょう。

・電気コードや カーペットなどで 転ばないようにする。
・ドアは 開け閉めがしやすい 引き戸にする。
・滑り止めマットや 手すりを つけたりする。

事故を 防止するためには、安全で 快適な バリアフリー環境に することが 大事です。

COLUMN ご利用者さんの気持ち

介護をするとき、利用者さんのことを わかってあげたい と思っても、方言が わからなかったり、「あれ」「これ」で 話をされて、どうしていいのか わからない と思うことも あるかもしれません。わかってあげたい と思う気持ちと 自分の 能力に 対して、もどかしさや 焦りを 抱いてしまう こともあるでしょう。

実は、そんなとき、利用者さんも 同じ 気持ちでいます。利用者さんのなかには、外国人である 皆さんに 介護をしてもらうことに、すぐに 慣れる 人と、そうでない 人がいます。しかし、いつか 必ず 気持ちは 通じます。わからないときは 先輩に 質問して、その利用者さんが どんな人なのか、どんなことが 好きなのかを 聞いてください。

コミュニケーションで 大切なのは、声かけと スキンシップです。これは、外国人の 皆さんのほうが、日本人よりも 得意なことが 多いようです。皆さんの 笑顔で、毎日 しっかり 声かけを してください。そして、そっと 手を添えて あげてください。必ず 皆さんの 気持ちは 利用者さんに 通じます。すると 必ず 利用者さんは 笑顔が あふれるようになります。

5 衣服の役割

利用者にとって、身支度（衣服や 化粧 などで 姿や 身なりを 整えること）には、次のような 目的があります。

- 自分のからだを 守り 健康を 維持します。
- 生活リズムを つくります。
- 社会のなかで 他の 人と よい関係を つくります。
- 生活の楽しみを 増やし、QOLを 向上 させます。
- 自分らしさを 表現します。
- 自分への肯定感を 高め、プライドを 保ちます。

衣服を選ぶときのポイント

①吸湿性・通気性のよい素材

　　木綿は ふだん着や 肌着、絹・麻は おしゃれ着に 適しています。

②肌に 刺激が少ない素材

　　高齢者は 皮脂や 発汗量が 減り、皮膚が 乾燥しやすいので、直接 肌に 触れる 布地には、刺激で かゆくなったりしないものを 選びましょう。

③伸縮性があり 機能的な素材

　　からだの動きを 妨げない ストレッチ

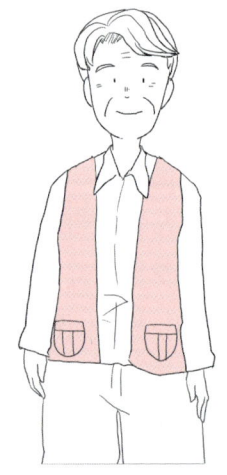

素材が　適しています。

④からだに合った　サイズ

　サイズが　合っていないと　からだの　動きを　妨げるので、袖丈、着丈、ズボン丈など、からだに　合っているものを　選びましょう。

⑤脱ぎ履きしやすい　靴

　靴は、かかとが　低く、甲に　ゴムや　面ファスナーが　貼ってあり、サイズが合った　脱ぎ履き　しやすいものにします。

⑥個性や価値観を　表現する

　利用者が　好きな色や　デザインなど、その人らしさが　感じられる服を　選びましょう。

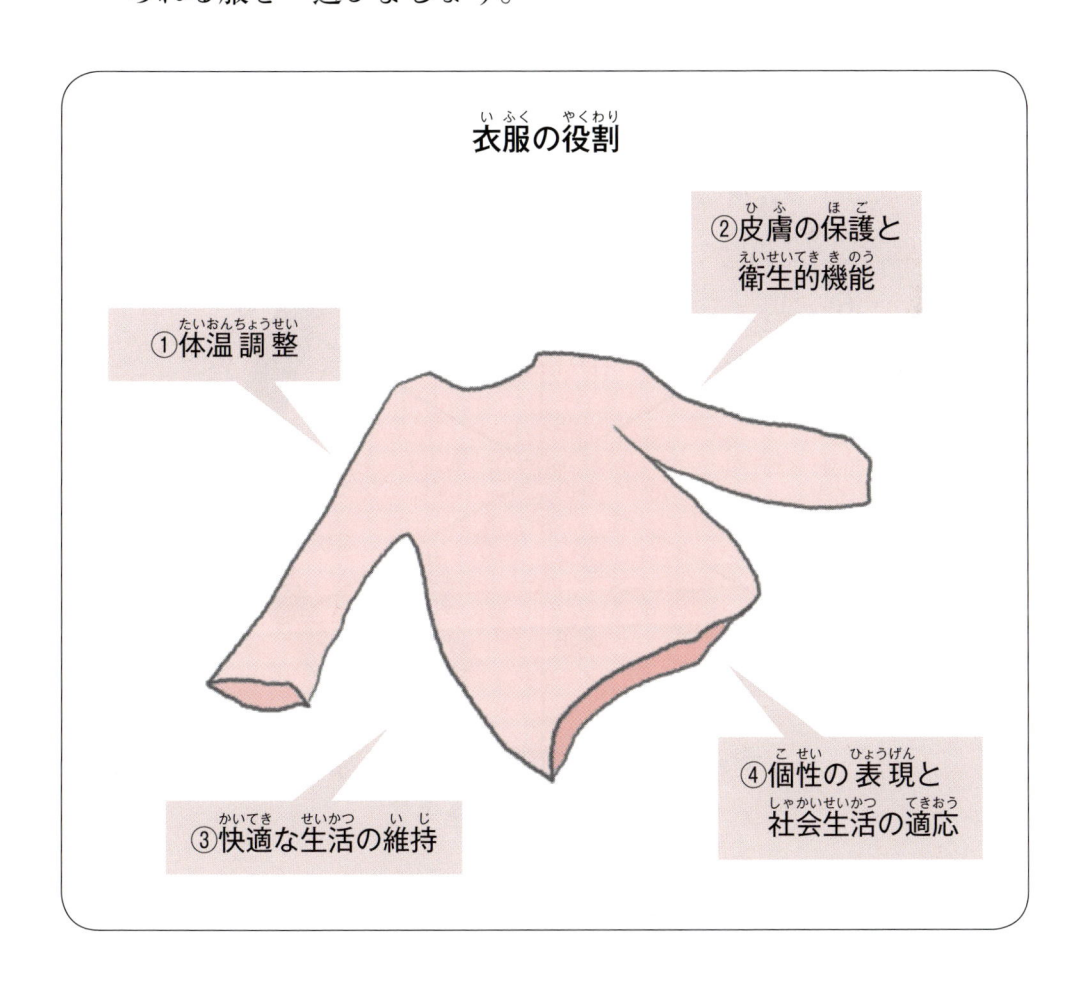

衣服の役割

①体温調整

②皮膚の保護と衛生的機能

③快適な生活の維持

④個性の表現と社会生活の適応

第3章　こころとからだのしくみと生活支援技術　75

6 食品の調理性と配膳

　食品には、炭水化物、脂質、たんぱく質、無機質（ミネラル）、ビタミンの 5つの 栄養素があります。エネルギー源と なるものは、炭水化物、脂質、たんぱく質です。

　また、食品は、動物性食品（魚介類、肉類、卵類、乳類）と 植物性食品（穀類、いも類、砂糖および甘味類、豆類、種実類、野菜類、果実類、きのこ類、油脂類、菓子類、海藻類）に 分けられます。

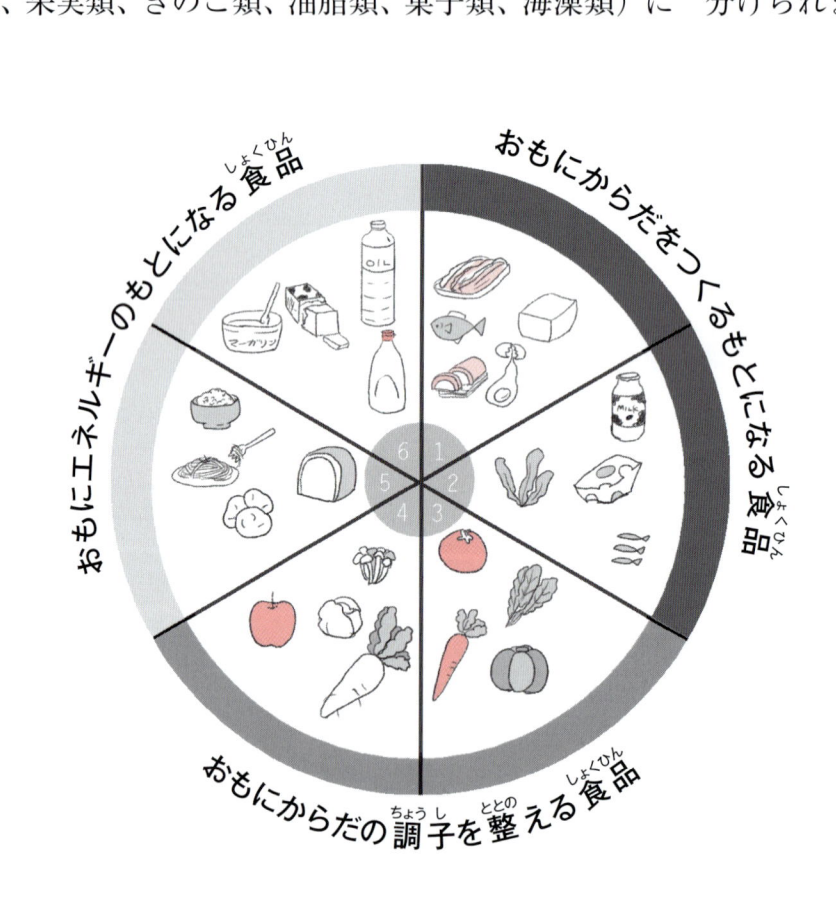

76

要点解説

●食品の分類

①魚介類
たんぱく質、カルシウム、ドコサヘキサエン酸（DHA）、エイコサペンタエン酸（EPA）
調理法には　刺身、煮物、焼き物、揚げ物、酢の物、和え物などがあります。

②肉類
たんぱく質、牛肉には　鉄分、豚肉には　ビタミンB₁
調理法には　煮込み、焼き物、揚げ物、蒸し物などがあります。

③卵類
たんぱく質、ビタミン、無機質
調理法には　煮る、ゆでる、焼く、蒸す、泡立てるなどがあります。

④乳類・乳製品
たんぱく質、カルシウム
牛乳、チーズ、ヨーグルト、アイスクリームなどがあります。

⑤穀類
炭水化物
主食として　食べられます。米、小麦、そば、とうもろこしなどです。
お粥には、全粥、七分粥、五分粥、三分粥、重湯があります。

⑥いも類
炭水化物、糖質、食物繊維、ビタミンC
糖質が　多く　脂質が　少ない。冷暗所で　保存します。
じゃがいもの芽や　緑色の部分には　ソラニンという　毒性物質がありますから、調理するときは　きれいに取り除きます。

⑦砂糖および甘味料

炭水化物、銅、カルシウム

エネルギーを 多く 含みます。ステビアや トレハロースのような エネルギーの低い 甘味料がありますが、とりすぎると 便をゆるめる 作用のあるものもあります。

⑧豆類

たんぱく質、脂質、糖質

たんぱく質と脂質が 多く含まれているものと 糖質とたんぱく質が多く含まれているものがあります。大豆は 良質なたんぱく質を 含んでいます。

⑨野菜類

ビタミン、ミネラル、食物繊維

色の違いにより、緑黄色野菜と 淡色野菜に 分けられます。
　緑黄色野菜：にんじん、ピーマン、トマト、かぼちゃ、ほうれん草
　淡色野菜：レタス、きゅうり、キャベツ、セロリ

⑩果実類

ビタミンC

果実の 甘さは 糖質で、果糖（フルクトース）が 多く含まれています。とりすぎると 肥満になる可能性があるので、気をつけます。

⑪きのこ類

カリウム、ビタミンD

しいたけは 乾燥させると、うま味成分の グアニル酸やグルタミン酸が増えるので、煮物に よく使います。

⑫海藻類

ミネラル、食物繊維、ビタミン

エネルギーが 低い食品です。こんぶは、うま味成分が 多く、だしとして 使います。ひじきは カルシウムが 多く 含まれます。

献立（メニュー）は、主食（米・パン・麺）、主菜（肉や魚、卵、豆腐など）、副菜（野菜、きのこ、海藻）、汁物（味噌汁など）の4つで 構成します。これに、飲み物やデザート、漬物が つきます。

配膳は、主食を左、汁物を右に 置きます。

MEMO

7 衣服の着脱

衣服の着脱には、まず、利用者に着脱介助をすることを説明し、理解してもらいます。それから、利用者の健康状態を確認します。

室内を暖め、すきま風が入らないようにして、寒くないかを利用者に確認します。そして、プライバシーを守るため、スクリーンやカーテンをします。利用者が選んだ着替えの衣服、汗拭きタオル、バスタオルを揃えます。介護職員は利用者の患側に立ち、介助します。

要点解説

●脱健着患

片まひがある場合、脱ぐときは健側（まひや障害のない側）から脱ぎ、着るときは患側（まひや障害のある側）から着るということです。介護職員は、利用者のまひがある腕や足の関節を支えて、利用者ができるだけ自分でできるように介助しましょう。

前開きの服の脱ぎ方（左側に片まひがある人の場合）

前開きの服の着方（左側に片まひがある人の場合）

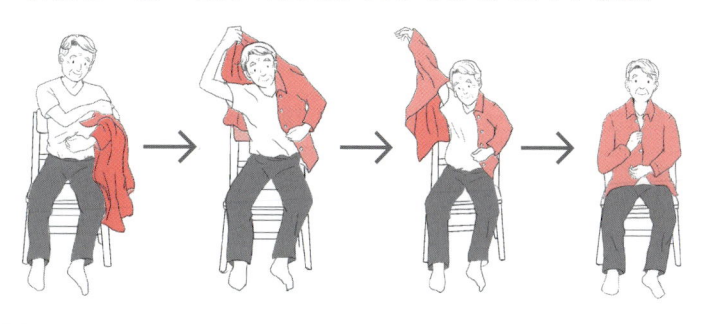

MEMO

第3章 こころとからだのしくみと生活支援技術

8 口腔ケア

　口腔（口の中）を 清潔に 保つことで、口臭をなくし、細菌の繁殖を 防ぎます。口腔ケアにより 全身感染や 誤嚥性肺炎を 予防し、リハビリテーションで QOLの向上を 目指します。口腔ケアの方法には、ブラッシング法、口腔清拭、うがいがあります。

口腔ケアの効果と汚れがつきやすい部分

　口腔ケアにより、口腔内の 疾患や、細菌の繁殖、口臭を 予防します。また、食欲が 増進し、気分が 爽快になります。

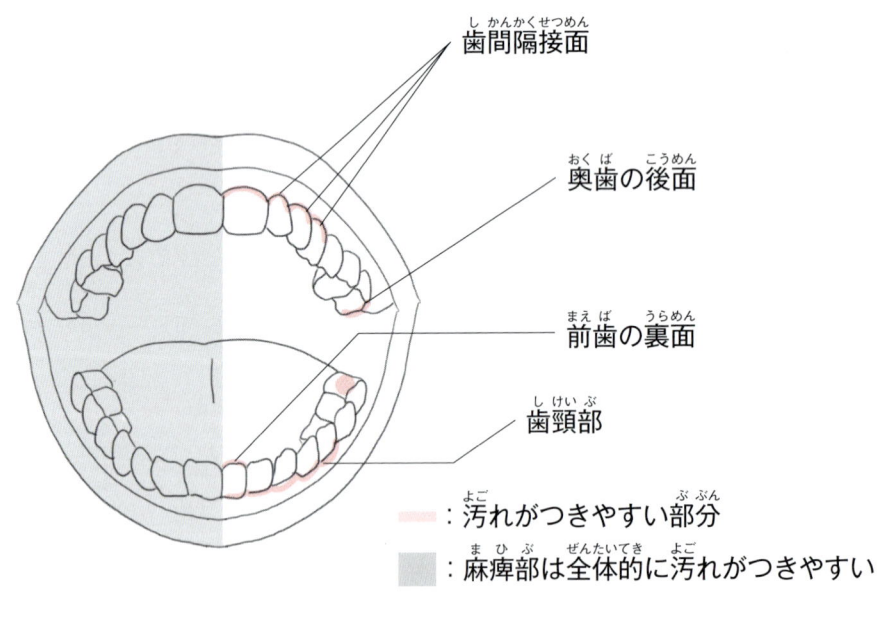

- 歯間隔接面
- 奥歯の後面
- 前歯の裏面
- 歯頸部

■：汚れがつきやすい部分
■：麻痺部は全体的に汚れがつきやすい

出典：新介護福祉士養成講座『生活支援技術2』第2版、中央法規出版、P47、図2-17

要点解説

●ブラッシング
①口を開ける
介護職員は 手袋をはめ、人差し指を 利用者の口腔内に 入れて、唇を 押し広げます。

②歯ブラシをあてる
利用者の口腔内の 状況により、歯ブラシの大きさや硬さを 選びます。歯と歯肉の 境目に 歯ブラシを差し込まないようにして、毛先を 細かく左右に 振動させます。力を入れすぎないようにしましょう。

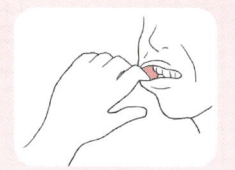

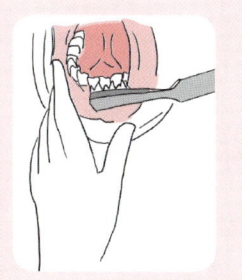

●義歯の着脱方法
①外すとき
下あごの義歯を 外してから 上あごの義歯を 外します。

総義歯の場合
上顎義歯
後方を下にさげる

部分床義歯(クラスプつき義歯)の場合
上あご　　　下あご

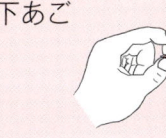

②入れるとき
入れる前に 口の中に 食べ物が 残っていないか 確認します。義歯を 斜めにして 口に 入れます。上あごの義歯を 先に 入れてから、下あごの義歯を 入れます。

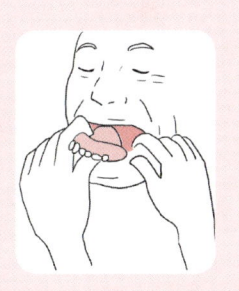

●義歯の保管方法
毎食後、義歯を 取り外し、流水の 下で、硬めの歯ブラシか 義歯用の歯ブラシで きれいに 洗います。落として 壊したり、排水口に 流したり しないようにします。就寝時は、義歯を 取り外します。外したら、清潔な水や義歯洗浄剤の入った ふた付き容器の 中に入れて 保管します。容器の水は、毎日 取り換えます。

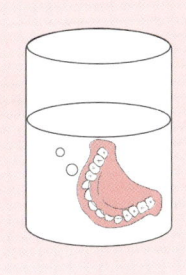

第3章 こころとからだのしくみと生活支援技術

9 廃用症候群

　廃用症候群は、筋肉や 神経、臓器などが、本来の機能を 十分に 使わないために、その機能が 弱くなり、力が 減ってしまう病気のことです。

　たとえば、病気で ずっと寝たままだと、骨は もろく、筋肉は 少なくなり、血液循環も 悪くなって、精神の働きも 悪くなります。そのため、利用者に 自分から 動いてもらうようにします。楽しみを 見つけてもらうようにして、寝ている時間を 少なくします。

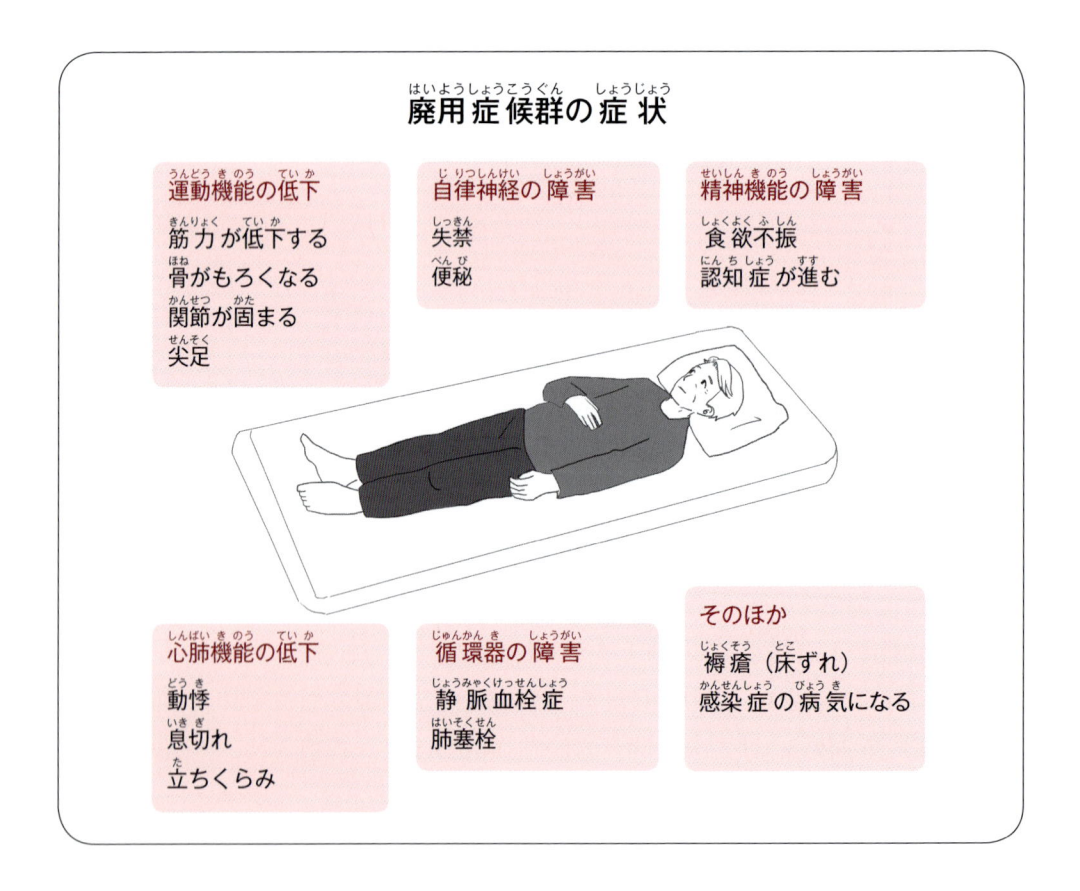

廃用症候群の症状

運動機能の低下
筋力が低下する
骨がもろくなる
関節が固まる
尖足

自律神経の障害
失禁
便秘

精神機能の障害
食欲不振
認知症が進む

心肺機能の低下
動悸
息切れ
立ちくらみ

循環器の障害
静脈血栓症
肺塞栓

そのほか
褥瘡（床ずれ）
感染症の病気になる

10 まひの障害部位

うまく 手足を 動かすことが できない 状態が まひです。まひは「片まひ（半身不随）」「単まひ」「対まひ」「四肢まひ」に大きく分けられます。

まひの障害部位

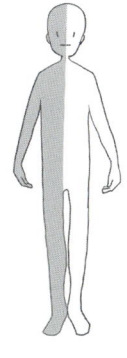

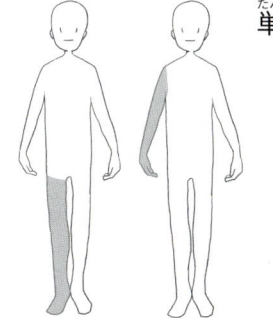

片まひ
左右いずれかの 上下肢の まひのことです。

単まひ
上下肢のうち、片手 または 片足だけの まひのことです。

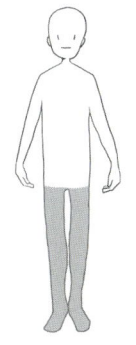

対まひ
左右の 上肢 または 下肢の 対称性の まひのことです。

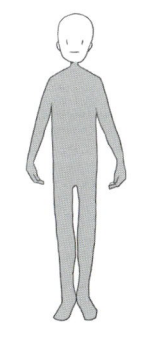

四肢まひ
両側上肢、両側下肢の 四肢に起こる まひのことです。

11 ボディメカニクス

ボディメカニクスとは、てこの原理（principle of the lever）を応用することにより最小の力で介護することです。介護職員の腰痛の予防になります。

ボディメカニクスの8つの基本原理
①支持基底面（base of support）を広くする。

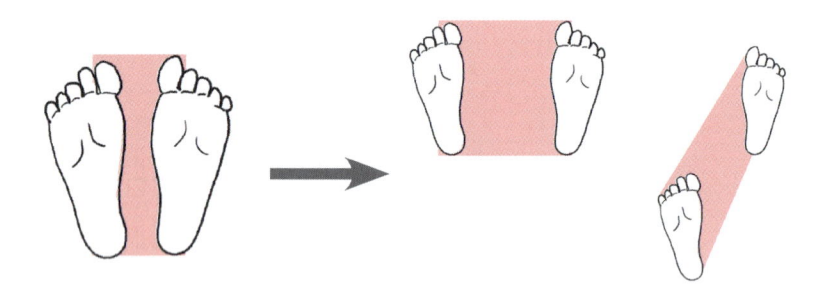

②利用者に近づく。　　③大きな筋群を使う。

④利用者を 小さくまとめる。　　⑤利用者を 水平に 手前に
　　　　　　　　　　　　　　　　引く。

⑥重心を 低くする。　　　　　　⑦足先を 動作の 方向に
　　　　　　　　　　　　　　　　向ける。

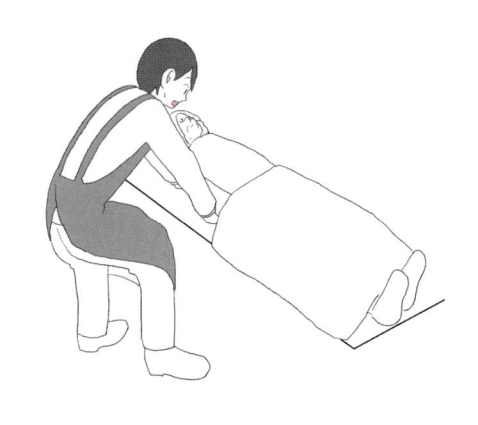

⑧てこの 原理を 応用する。

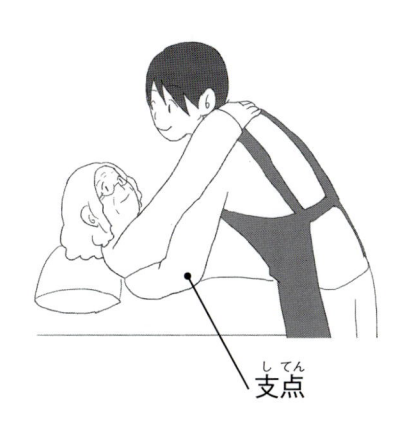

支点

第3章　こころとからだのしくみと生活支援技術　87

12 体位の種類

関節の負担を 軽くして、褥瘡を 防止し、安楽な姿勢で 就寝できるように するため、**良肢位**（function positioning）にします。安楽な姿勢には、次のようなものが あります。

体位の種類

①仰臥位（背臥位）

仰向けに寝た 状態のことです。

②側臥位（右側臥位）

横向きに寝た 状態のことです。

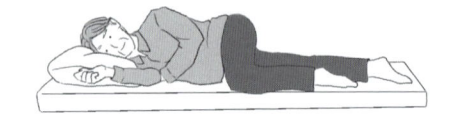

③腹臥位

うつぶせに寝た 状態のことです。

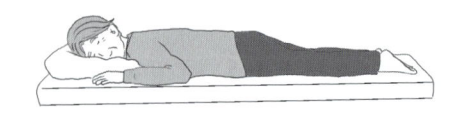

④半座位

上半身を 起こした 状態のことです。

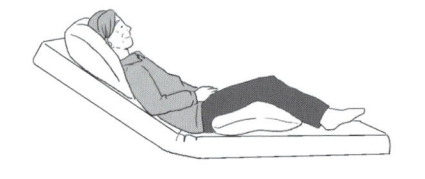

⑤長座位

上半身を 90度起こした状態のことです。

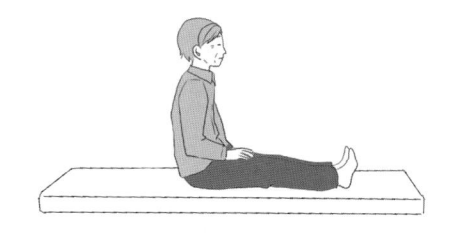

⑥起座位（起座呼吸体位）

座位より 少し前かがみで、テーブルやクッションを 置き、寄りかかりやすくした 状態のことです。

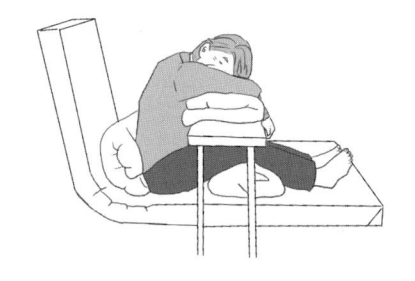

⑦端座位

上半身を 起こし、膝から先の足を たらし、足の裏が 床についた 状態のことです。

⑧立位

立った 状態のことです。

13 立ち位置

　介護職員は、歩行介助の 必要な人の患側側（まひや障害のある側）に 立ちます。なぜなら、転倒防止や ぶつかる危険があるからです。ただし、道路状況 などに応じて 立ち位置を 変えて、周囲の安全にも 気を配ります。

　階段が あるときは、「階段を 昇ります」「階段を 降ります」とか、あと何段あるか、階段が 終わったなど、声をかけて、利用者が 物に ぶつかったり、段差で つまずいたり しないようにします。

杖を使った歩行介助の順序

　歩くとき：杖→患側→健側 の順に 進みます。

　階段を 昇るとき：杖→健側→患側 の順に 進みます。

　階段を 降りるとき：杖→患側→健側 の順に 進みます。

14 食事の姿勢

食事のときに、正しく 座ると、排泄しやすくなる、筋力が 強くなる、からだの バランスが よくなる、肩こりや腰痛に なりにくくなる、などの効果があります。

そのためには、できるだけ いすに 座って 食事を とるようにします。

食事の姿勢のポイント

①いすに 深く腰かけ、テーブルと からだの 間に、こぶし一つ分くらいの スペースを 空けます。

②足の裏が 床に ぴったりと くっつくように 座ります。

③テーブルの高さを へそのあたりに します。

15 食事介助

　食事介助のときには、誤嚥を予防するために、食事の前に飲み物を飲むように勧めます。食べている途中は、はしやスプーンがうまく使えているか、咀嚼（噛む）や嚥下（飲み込む）に問題がないか、食欲はあるか、水分を取っているか、などに注意します。そして、食事が楽しくなるように、声をかけます。
　誤嚥しないように、必要な場合は汁物にとろみをつけます。

16 清拭(せいしき)

清拭(せいしき)は、入浴やシャワー浴ができない場合、温かいお湯や石けんを使って、全身の皮膚を拭き、清潔を保つケアです。皮膚を清潔にすることで、爽快な気持ちになり、温熱刺激やマッサージによって血行がよくなります。また、利用者と介護職員のよいコミュニケーションの機会になります。顔や胸、背中を拭くときは、蒸しタオルをしばらくあててから拭くと、汚れが落ちやすくなります。

要点解説

●必要物品

洗面器(大・小)、湯用バケツ、汚水用バケツ、ピッチャーまたはペットボトル、タオル(バスタオル、ハンドタオルなど)、石けん、防水シーツ、ビニール、着替え、安楽用のクッション、保湿クリーム。お湯は、全身清拭には8L、温度は55〜60℃のものを用意して、使うときに水を足して温度を調節します。

整容では、安全カミソリでのひげそり、耳垢塞栓の除去、爪に異常や皮膚に炎症があった場合、介護職員は爪切りが、できません。

第3章 こころとからだのしくみと生活支援技術　93

●からだの拭き方

①顔から首

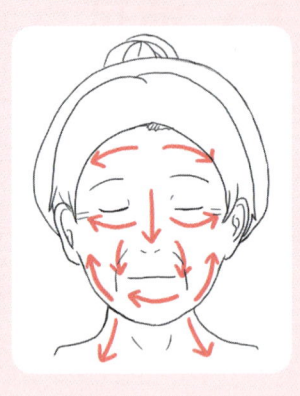

目→額→鼻→頬→口→下顎の順に拭きます。目は片側を目頭から目尻にかけて拭き、タオル面を換えて、もう片方の目を拭き、目ヤニを拭き取ります。額と鼻、頬は中心から外側に向かって拭きます。口は円を描くように拭き、下顎は輪郭にそって拭きます。

②耳から首

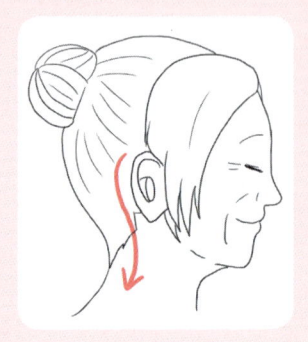

耳は指に濡れタオルを巻きつけ、耳の穴と耳の外側を拭きます。首は汗がたまりやすいので、苦しくならないように優しく拭きます。

③腕

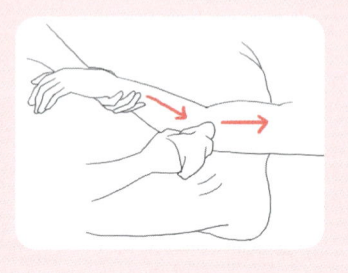

手→前腕→肘→上腕→わきの下→肩の順に拭きます。手は、手の甲→手のひら→指の間の順です。わきの下は、臭いがあるので、石けんをつけた濡れタオルなどを使ってていねいに拭きます。

④胸部

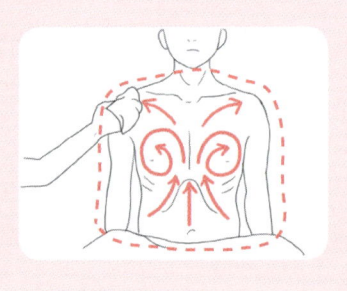

バスタオルで胸を隠しながら首の付け根から胸の上側を拭きます。

⑤腹部
　バスタオルで 胸を 覆った 状態で、下腹部のところを めくり 拭きます。

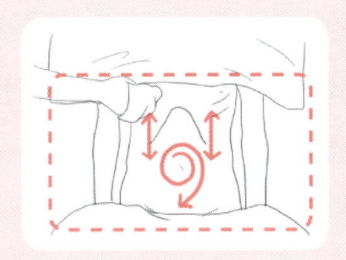

⑥下肢
　足→下腿前側→下腿後側→大腿の 順に 拭きます。足は 足浴が できない 場合、タオルで 足を 包み、温熱刺激を 与えてから、足の甲→足の裏→指の 間の 順に 拭きます。

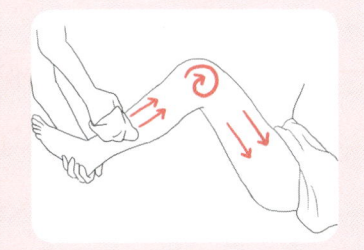

⑦背中・腰
　背中は ストローキング（さするように）マッサージを 行い、血行を 促します。肩甲骨や仙骨部など 褥瘡がないか、皮膚の 状態を 観察します。腰は、筋肉に そって、下から 上へ 拭きます。

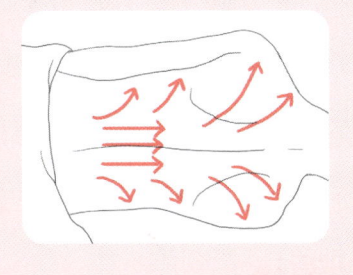

⑧臀部（お尻）
　陰部・肛門部の 汚れや かぶれが あるか どうか チェックします。汚れている 場合は、濡れタオルを 取り換えて 拭きます。

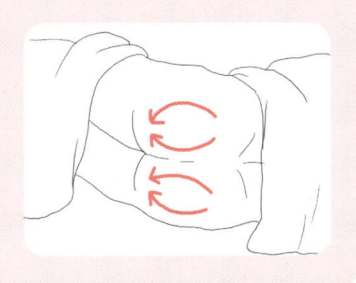

17 入浴介助

入浴には、次のような効果があります。
- からだを 清潔に保つこと
- からだを 温め、血液の循環を よくすること
- 新陳代謝が 促されること
- ゆったりとした 気分で リラックスできること
- 安眠を もたらすこと

しかし、入浴では、体力の消耗や 湯冷めによる 風邪、心臓発作やのぼせ、転倒やおぼれなどの 事故の危険があるので、入浴介助のときは、安全・安楽に 入浴できる工夫と 環境づくりが 大切です。

入浴介助のポイント

●入浴前

昼間の 暖かい時間帯を 選びます。満腹時や 空腹時の 入浴は 避けます。脱衣場と 浴室の温度差を なくします。お湯の温度は 38〜41℃です。水分補給を します。

●入浴中

浴室や浴槽のなかに 滑り止めマットを 敷くなど、安全第一の介助をします。

入浴時間は 全部で 15分程度です。
※高温の湯に 長時間つかると 心拍数が 増加したり、血圧が 上昇するため、疲労感も 強く残ります

● 入浴後

体温が 下がらないように、バスタオルで からだの水分を よく 拭きとります。汗が 出るので、水分補給 をします。

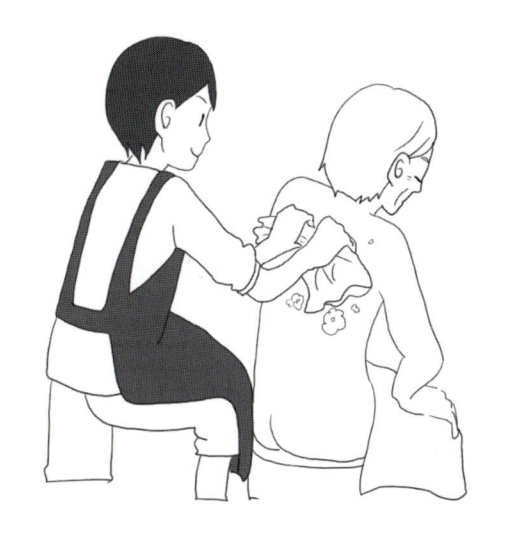

要点解説

●緊急時の対応と注意点
・入浴を 中止し、体を 拭き、平らな場所で 安静にします。
・浴槽で おぼれたら、すぐに 栓を 抜き、気道を 確保します。
・脳貧血の場合は 仰臥位で 安静にします。
・のぼせたときは、冷水か 冷たいタオルで 顔を 拭き、安静にして、水分補給 をします。

第3章 こころとからだのしくみと生活支援技術 97

18 排泄介助

　排泄は、生きていくために　必要なことですが、人は　排泄を、ほかの人には　見られたくない、手伝ってもらいたくないと　思います。
　自分で　排泄が　できないと、外出を　しなくなったり、人に会わなくなったりして、行動範囲が　狭くなります。
　できるだけ　おむつは　使わないようにします。歩ける人は　トイレで、座れる人は　トイレやポータブルトイレを　使いましょう。寝たきりの人で　尿意や便意がある人は　ベッドの上で、介助します。

尿器と　差し込み便器での　介助のポイント

①便器や尿器は　カバーを　つけたり、温めておきます。

②便器の中に、トイレットペーパーを敷くと　尿が　跳ねません。

③排便と排尿が　一緒に　起こることもあるので、男性には　尿器をあてがいます。

④尿器を　あてがえないなら、側臥位にしてから　あてがいます。

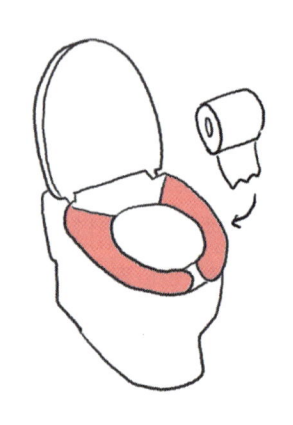

要点解説

●便秘の予防
①規則的な生活をする。
②消化と吸収が よく、食物繊維が たっぷり入った 食事を とる。
③水分を 十分にとる。
④運動をする。
　腹部を マッサージする。

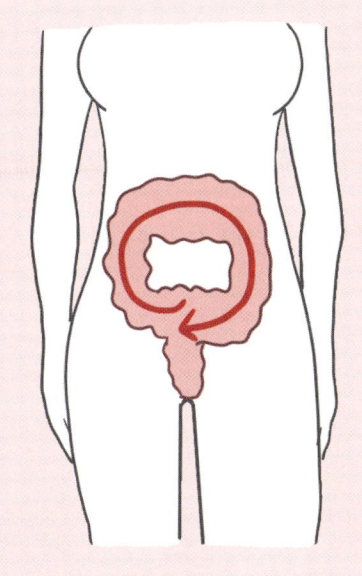

⑤排泄習慣をつけ、座位で 排便する。

19 睡眠

　　睡眠とは、こころとからだの休息であり、必要な睡眠量や眠りの深さは、その日の活動時間や疲労の程度によって、体内時計が決定します。
　　睡眠時間は、一般的に生まれた直後では18～20時間、成人では7～8時間、高齢者では5～7時間ですが、睡眠の質のよさは、睡眠の長さではなく、熟睡（深い眠り）時間の長さが重要です。

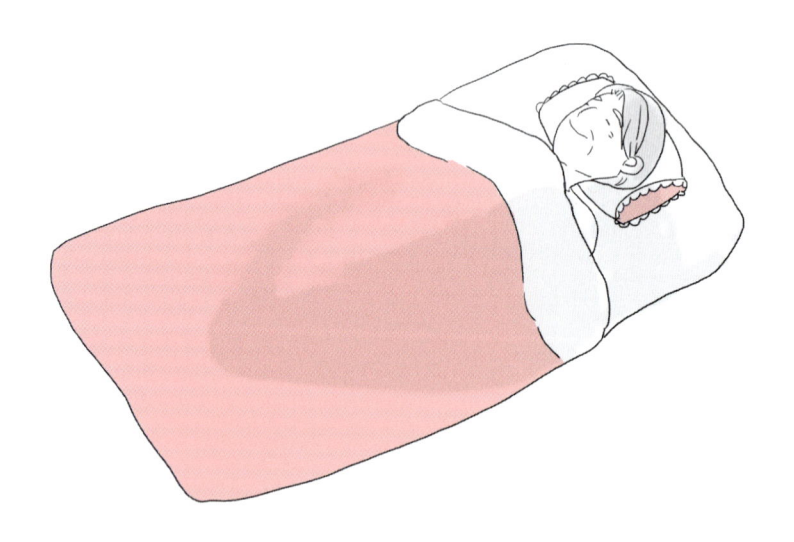

要点解説

●体内時計
24時間周期の活動と 休息のリズムによって、毎日 リセットされています。

●レム睡眠
からだは 休息状態なのに、脳は 覚醒（目が覚めているとき）に 近い状態で 活動している睡眠のことです。

●ノンレム睡眠
レム睡眠以外の 比較的 深い眠りの状態のことです。

●睡眠障害
入眠障害：なかなか 寝つけないことです。
中途覚醒：眠ることが できても 夜中に たびたび 目が 覚めてしまい、また 眠りに 戻れない状態のことです。
早朝覚醒：予定していた 時刻よりも 早く 目が 覚めて、それから 眠れない状態のことです。

●入眠儀式
スムーズに 眠るために、就寝前の 習慣的な行動のことです（歯磨き、読書など）。

20 看取り

　死にゆく人には、できるだけ　長く生きていたい（延命治療）、できるだけ苦しまないで　死にたい（苦痛緩和）、最期まで　自分らしくありたい（自己実現）などのニーズがあります。
　終末期ケアは、近い将来、死ぬ人に、その人に　残されている時間を　心身ともに　ケアし、安らかに安心して、あの世に旅立つことが　できるように　援助することです。利用者の「よりよい死を迎える」ために、最期まで、死にゆく人の尊厳を　保ち、人間らしい旅立ちとなるようにします。

終末期ケアのポイント

①どういうふうに　亡くなりたいか聞いておきます。

②苦痛を　弱めるため、病院と　連絡をしっかりとります。

③死にゆく人の　尊厳を　守ります。

④最期まで その人らしく 生きられるようにします。

⑤チームを組んで ケアに あたります。

> COLUMN
> ### ご利用者さんが亡くなったとき
>
> 　92歳になる利用者のSさんが 亡くなったときのことです。「家族の気持ち」で Sさんの介護をしていた ペルー出身のAさんは、施設に 家族が 集まるまでの間、冷え始めた Sさんの 足を、「もうすぐ ご家族が 来るから……」と泣きながら、何度も何度も 擦っていました。
> 　しかし、Aさんは 施設長に 呼び出されます。「いつまで 泣いているの。そんな 泣いていても 仕方ないのよ」と叱られました。Aさんは、その言葉に とてもショックを 受けます。到着した ご家族も、冷たい態度だったため、余計に 悲しくなり、施設の外で 一人で 泣いていたそうです。
> 　そこへ 同僚の日本人が やってきて、「Aさん、とても優しいのね。私たちも とても悲しいのよ。でもね、ほかにも ご利用者さんは たくさんいらっしゃるの。Aさんが いつまでも 泣いていたら、どうしたんだろうと 不安にさせてしまうわ」と言いました。そこで、Aさんは、ご利用者さんに 悲しい姿を ずっと見せていては いけないと、気がついたそうです。

21 演習Ⅰ レクリエーション

レクリエーションで 声かけしてみましょう
　レクリエーションに 参加したがらない利用者さんが います。声かけをして、フロアのレクリエーション活動が 楽しいことを 伝え、参加を うながしてください。

解答例

　○○さん、どうかしましたか。あちらで、皆さん一緒に□□□（レクリエーション）をしていますよ。

　○○さん、この前、とても上手でしたね。今度も一緒にやってみませんか。

ポイント

・利用者の好きなことや、関心のあることを　知っておくことが大切です。
・利用者の表情や気持ちを　理解してから、声かけをします。
・利用者の意欲を　引き出すような、声かけをするとよいでしょう。

22 演習Ⅱ　排泄介助

排泄で　必要な介助を　考えてみましょう

　排泄の介助をするときには、排泄のプロセスのなかで、利用者ができないところを　確認し、そこで、どのような介助が必要かを　考えます。

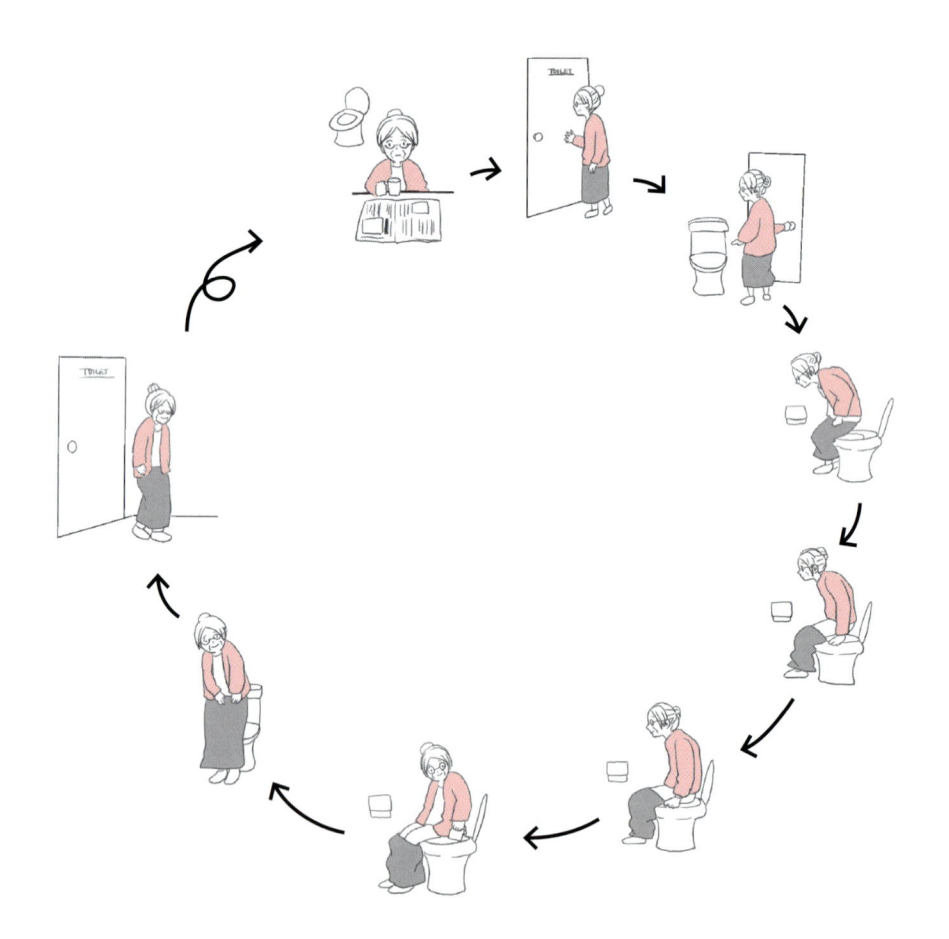

排泄のアセスメントをしてみましょう

排泄行動のプロセスのなかで、どのような能力が必要かを考え、介助について考えます。

①便・尿を一定量ためることができ、便意尿意を感じる。
②トイレまで移動できる。
③トイレの場所がわかる。
④下着を下ろす。
⑤便器に座り、座位を保つ。
⑥自分の意志で排泄する。
⑦後始末ができる。
⑧下着を上げる、衣類を整える。
⑨トイレから出る。

おむつ体験をしてみましょう

利用者の気持ちになって、必要な介助を考えます。

●パンツ型紙おむつ	●パッド型
月　日（　）	月　日（　）
どんな気持ちになりましたか？	どんな気持ちになりましたか？
排尿をしてみましょう	排尿をしてみましょう

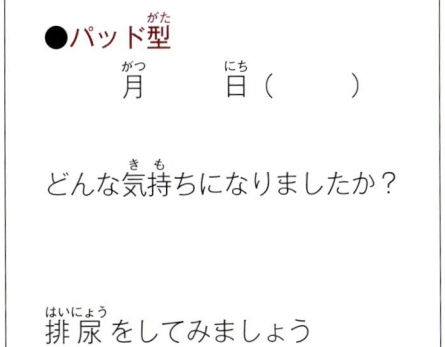

23 演習Ⅲ 食事介助

食事介助で 声かけしてみましょう
　利用者が、食事を 食べたがりません。声かけをして、食事を うながしてください。

解答例

　○○さん、お食事いかがですか？　何か、嫌いなものがありますか？　何か、心配事がありますか？

　○○さんは、□□□（食べ物）がお好きですよね。おみそ汁もいい香りですね。おいしそうですね。一口、食べてみませんか。

ポイント

・利用者の好きな食べ物と嫌いな食べ物を　確認します。
・利用者の健康状態と便秘かどうかを　確認します。
・利用者に、いま、心配事や悩みがあるのかを　確認します。
・利用者の体調や気持ちを　理解したうえで、声かけをします。
・食べ物は　見てわかるので、香り、形を、利用者に　意識してもらい、おいしそうだと思ってもらえるように、声をかけます。

24 修了試験の練習問題

ここでは、修了試験の練習問題を 掲載しますので、チャレンジしてみてください。実際には 問題数はもっと多くなります。

問題1 介護実践の原則について、（　）のなかを書いてください。
(1) 自立支援
(2) 相手の人権を大切にすること
(3) 相手の生活を大切にすること
(4) （　　　　　　　　　　）
(5) 相手のやる気を引き出すようにすること
(6) 相手が（　　　）ようにすること
(7) 医療・福祉の人と協力すること
(8) 心にやさしさと強さを持つこと
(9) 技術を磨くこと

問題2 介護記録の書き方について、正しいものを1つ選び、○をつけなさい。
(1) 介護記録は、どのような内容であっても、すべて記録する。
(2) 介護記録は、利用者の反応や言葉などについても、わかりやすく書くとよい。
(3) 介護記録に署名や捺印は必要ない。

問題3 入浴介助の注意事項について、正しいものに○、正しくないものに×をつけなさい。

(1) (　) 入浴は昼間の暖かい時間帯に行うのが望ましい。
(2) (　) ぬるめの湯であれば、長時間入っていてもいい。
(3) (　) 着替えの前には、水分をていねいに拭きとることが大切である。
(4) (　) 入浴前後には、十分な水分補給を行う。
(5) (　) 浴槽でおぼれた場合は、すぐに栓を抜いて湯を流し、気道を確保する。

解答

問題1 (4) 相手が自分らしくいられるようにすること
　　　　(6) 思うように過ごせる
ポイント　第1章5「介護実践の原則」にある「要点解説」を見ましょう。

問題2 (2)
ポイント　第2章3「介護記録」を見ましょう。
　　　　記録は、職員の情報共有のために行いますから、援助に必要なことを書きます。

問題3 (1) ○　(2) ×　(3) ○　(4) ○　(5) ○
ポイント　第3章17「入浴介助」を見ましょう。
　　　　入浴は体力を消耗するので、ぬるめのお湯でも、長時間入ってはいけません。

第3章　こころとからだのしくみと生活支援技術

MEMO

巻末資料

日本の行事・しきたり

●年間行事

1月

お正月
新年をお祝いする 1年で最も大きな行事です。1日を元日といい、1日から3日までを三が日といいます。家には しめ飾りや門松、鏡もちを飾り、おせち料理を食べます。お雑煮は、元日の朝に食べます。近所の神社に初詣をして、おみくじを引いたり、カルタ取りや書初めをしたりします。子どもたちは、お年玉をもらいます。

春の七草
セリ、ナズナ、ゴギョウ、ハコベラ、ホトケノザ、スズナ、スズシロを 春の七草と呼びます。7日には これらをおかゆに入れたもの（七草粥）を食べます。

成人の日
日本では 二十歳になると 大人と認められます。成人式は、新しく大人になった人たちを お祝いする日です。成人式では、振袖や袴を着ます。

2月

節分
3日です。炒った大豆を、「鬼は外、福は内」と言って、家の外と中に まきます。悪いものを追い出し、幸せを家に入れるという意味があります。また、自分の年齢と同じ数の豆を食べると、体が強くなるといわれています。

3月

ひな祭り（桃の節句）
3日です。女の子の成長と幸せを お祝いする日です。ひな人形やひし餅を飾ったり、ひなあられを食べます。

114

4月

お花見　春のはじめに 桜は咲きます。桜は 日本人にとって、春が来たことを知らせる、大切な花です。お花見は、桜を見て、春が来たことを お祝いする行事です。桜もちを食べたり、桜の木の下で 宴会をしたりします。

5月

こどもの日　5日です。男の子の誕生を お祝いする日です。五月人形やこいのぼりを飾り、しょうぶ湯に入ります。

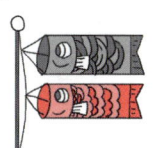

母の日　お母さんの日です。カーネーションを贈ります。

6月

父の日　お父さんの日です。プレゼントなどを贈ります。

夏至　1年で 昼が最も長く、夜が最も短い日です。

● **祝日** … 平日（月〜金曜日）、土曜日、日曜日の他に祝日（国民の休日）があります。元日、成人の日、建国記念の日、天皇誕生日、春分の日、昭和の日、憲法記念日、みどりの日、こどもの日、海の日、スポーツの日、山の日、敬老の日、秋分の日、文化の日、勤労感謝の日です。

巻末資料　●　115

7月

七夕（たなばた）
7日（なのか）です。いろいろな色（いろ）の短冊（たんざく）に 願（ねが）い事（ごと）を書（か）いて、笹（ささ）に結（むす）びつけ、笹飾（ささかざ）りを飾（かざ）ります。

8月

お盆（ぼん）
13日（にち）～15日（にち）ごろで、祖先（そせん）の霊（れい）が戻（もど）ってくると考（かんが）えられている日（ひ）です。祖先（そせん）のお墓参（はかまい）りをしたり、お供（そな）えものをしたりします（地域（ちいき）によっては、7月のところもあります）。

盆踊（ぼんおど）り
夏祭（なつまつ）りやお盆（ぼん）のときに、人（ひと）が輪（わ）になって、たいこや三味線（しゃみせん）の音（おと）に合（あ）わせて踊（おど）ります。 

花火大会（はなびたいかい）
夏（なつ）には 各地域（かくちいき）で花火大会（はなびたいかい）があります。浴衣（ゆかた）を着（き）て、出（で）かけます。

9月

お月見（つきみ）
9月下旬（がつげじゅん）の満月（まんげつ）の日（ひ）に、ススキとお月見（つきみ）団子（だんご）を飾（かざ）って、満月（まんげつ）を見（み）る行事（ぎょうじ）です。

敬老（けいろう）の日（ひ）
おじいさんとおばあさんの日（ひ）です。

10月

体育の日

1964（昭和39）年10月10日に、東京で オリンピックが開かれたことを 記念した日です。

11月

七五三

子どもの成長を お祝いする日です。おもに、男の子は5歳、女の子は3歳と7歳になったときに、お祝いをします。神社でお参りをして、子どもは千歳あめをもらいます。

12月

冬至

1年で 昼が最も短く、夜が最も長い日です。この日はかぼちゃを食べ、ゆずを入れたお風呂（ゆず湯）に入ります。

大晦日

12月31日です。1年の最後のこの日は、大掃除をして、新しい年を迎える準備をします。夜には、年越し蕎麦を食べて、蕎麦のように長く生きられるように、また 1年のよくないことが 自分から切りわかれるように、と願います。

巻末資料 117

● **食事のマナー**

お茶碗は、手に持って食べます。蕎麦などの麺類を食べるときに、音を立てることは間違った作法ではありません。

● **あいさつ・おじぎのマナー**

日本人は　よくおじぎをします。あいさつの言葉を言って　おじぎをすることもありますし、簡単におじぎだけをすることもあります。相手に　感謝の気持ちを伝えるときは、「ありがとうございます」と言って、おじぎをすると気持ちが伝わります。

仕事のときには「お疲れ様です（でした）」や「お先に失礼します」という言葉を　よく使います。「お疲れ様です（でした）」は、相手の仕事や苦労に　感謝の気持ちを　表し、仕事が終わったときなどに使います。先に帰るときは、まだ仕事をしている同僚や先輩に「お先に失礼します」と言いましょう。

● **お金を贈るときのマナー**

人が生まれてから死ぬまでの間に　いろいろな儀式や、お祝い事があり、そのときには、お金を贈ることもあります。お金を贈るときは、お祝い事なら、金や赤などの水引がついた祝儀袋に、新しいお札を入れて贈ります。人が亡くなったときや法事のときは、白と黒の水引がついた不祝儀袋に、古いお札を入れます。

●年賀状・暑中見舞い・残暑見舞い

　日本には、親戚や友だちと、1年の決まった時期に　はがきを送りあって、元気かどうかをたずねたり、最近のできごとや様子を　報告したりする習慣があります。

　年賀状は、1年の始まりのあいさつとして送るはがきで、元日に一斉に配達されます。その年の干支などの　イラストを入れます。

　暑中見舞いと残暑見舞いは、夏に送るはがきで、8月7日頃（立秋）までに送るものを暑中見舞い、それ以降に送るものを　残暑見舞いと言います。

●歳祝い

　節目の年に、長生きのお祝いをすることです。節目の年には、それぞれ名前がついています。

年齢	名前	年齢	名前
60歳	還暦	80歳	傘寿
66歳	緑寿	88歳	米寿
70歳	古希	90歳	卒寿
77歳	喜寿	99歳	白寿

●お寺と神社

　日本では、神道と仏教などの宗教があります。

　神道では、神社に行って　神様にお参りをします。神社では、おみくじを引きます。おみくじで、運勢（fortune）を占います。

　仏教では、お寺に行って　仏様にお参りをします。年末に、お寺の鐘が108回鳴るのは、除夜の鐘といいます。

　神社やお寺で、お守りを買って、その年の安全や健康を　神様に守ってもらえるようにします。

巻末資料　119

介護記録表の読み方

水分補給
水やお茶などを飲むこと。

排泄
尿または便をすること。回数を記録します。

投薬
薬を飲むこと。いつ飲んだか記録します。服薬ということもあります。

リハビリ
リハビリテーションのこと。

特に変化なし
何もないときに使う表現。

介護記録表

		H 年 月 日（ ）					
給食	朝食	主食	100	副食	100	汁物	100
	昼食		100		100		100
	夕食		100		100		100
水分補給		⑩:00		⑮:00		その他	
排泄		尿	8回	便	1回		
健康チェック		体温	36.2	脈	78		
		血圧	134 ／ 84				
投薬	定時	起床・(朝)・(昼)・夕・寝前					
	目薬・その他	朝・昼・夕					
整容その他の介護		洗面・(歯磨き)・整容・通院					
		ひげ剃り・爪切り・耳掻き					
睡眠		(十分)・不眠・不穏					
入浴		布団干し・シーツ・入浴					
日常生活		居室掃除		行事参加			
		共用部掃除		趣味			
		衣類洗濯		面会			
リハビリ実施状況		(歩行)	会話	作業			
		音楽	機能	運動			
特記事項		特に変化なし					
ケアプラン							
処遇方針							

利用者氏名	浜松　太郎 様						
H　年　月　日（　）				H　年　月　日（　）			
主食	40 20 80	副食	20 20 80	汁物	100 100 100	主食	100 100 100	副食	100 100 100	汁物	100 100 100
⑩:00	⑮:00	その他		⑩:00	⑮:00	その他	
尿	7回	便	1回	尿	8回	便	1回
体温	36.8	脈	82	体温	36.1	脈	78
血圧	138 / 86			血圧	134 / 84		
起床・㊊・㊋・夕・寝前				起床・㊊・㊋・夕・寝前			
朝・昼・夕				朝・昼・夕			
洗面・㊙歯磨き・整容・通院				洗面・㊙歯磨き・整容・通院			
ひげ剃り・爪切り・耳掻き				ひげ剃り・㊙爪切り・㊙耳掻き			
㊙十分・不眠・不穏				㊙十分・不眠・不穏			
布団干し・シーツ・入浴				布団干し・㊙シーツ・㊙入浴			
居室掃除	行事参加			居室掃除	行事参加		
共用部掃除	趣味			共用部掃除	趣味		
衣類洗濯	面会			衣類洗濯	面会		
歩行	会話	作業		歩行	㊙会話	作業	
音楽	機能	運動		音楽	機能	㊙運動	

10:00の水分補給時、寒気を訴え、検温37℃。居室のベッドにて休む。
16:30検温36.3℃、熱が下がった。
昼はあまり食欲がなかったようだが、夕食では食堂に行き、8割食べることができた。

入浴時、皮膚がカサカサすると訴えたので、入浴後、本人持ちの保湿クリームを塗布。
レクリエーションでは、積極的にボール遊びに参加。
鈴木さんと楽しそうに話をしていた。

〜時
「〜しているとき」のこと。

検温
体温を計ること。

寒気
寒いという意味。悪寒ともいう。

熱
体温のこと。

食欲
食べたいという気持ち。

皮膚
肌のこと。

塗布
塗ること。

〜後
〜した後の意味。反対は〜前。

ボールを使って運動したり、ゲームをしたりします。

気持ちや様子がわかるように記録します。

〜割
8割は80％のこと。
1割が10％。

巻末資料

薬の種類と剤型

薬には　内服薬（飲む薬）と　それ以外の外用薬があります。

①内服薬

　下剤（便秘の薬）、解熱剤（熱を下げる薬）、鎮痛剤（痛みをやわらげる薬）、睡眠薬（不眠症や睡眠が必要なときに飲む薬）などがあります。必ず水で飲みます。内服薬を飲む時間には、食前（食事の前）、食後（食事の後）、食間（食事と食事の間）、頓服（決まった時間ではなく、発作時や症状のひどいときなど）があります。

内服薬の形と数え方

錠剤	玉になった薬です。～錠と数えます。
粉薬	粉末の薬です。～包と数えます。
水薬	液状の薬です。～CC（目盛り～個分）などと数えます。
カプセル	カプセルに入った薬です。～カプセルと数えます。

②外用薬

　皮膚に塗ったり、貼ったりする薬や、目に使う薬、肛門に入れる薬などがあります。

外用薬の形と使い方

軟膏	皮膚に塗る薬です。
湿布	皮膚に貼る薬です。貼付薬ともいいます。
点眼薬	目に使う薬です。液体になっていて目に直接たらすものと、錠剤になっていて、使うときに溶かして使うものがあります。
坐薬	肛門や膣から入れる薬です。

からだの主な部位の名称

(図：からだの主な部位の名称)

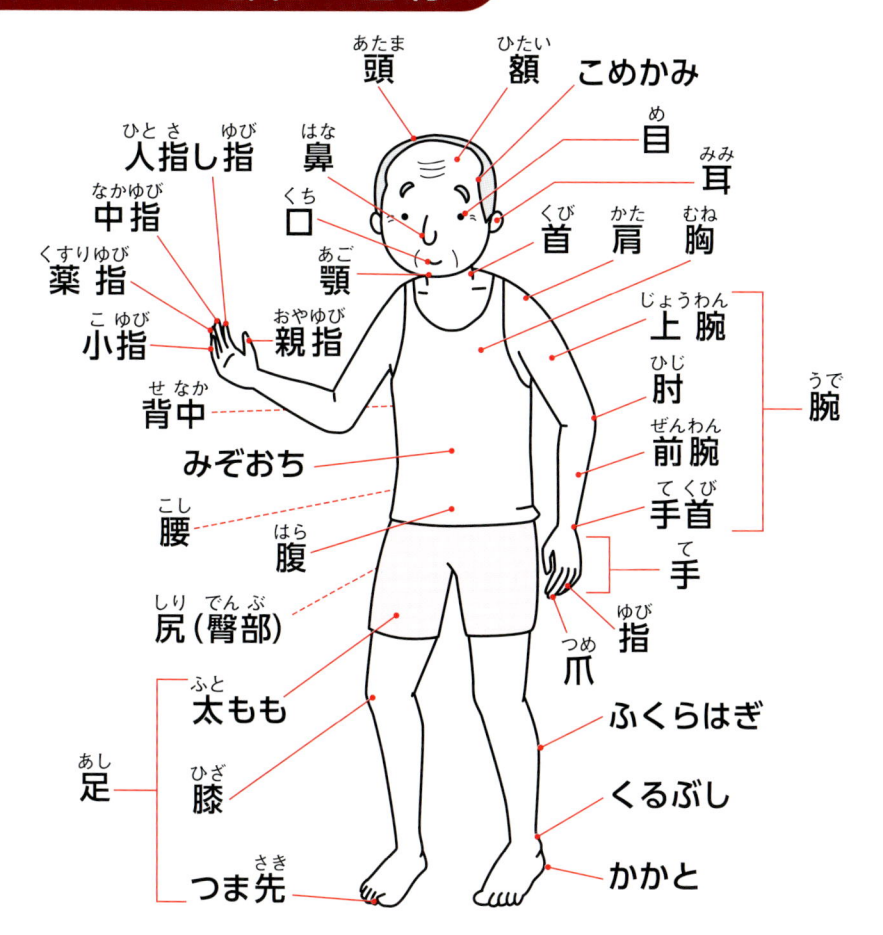

頭（あたま）、額（ひたい）、こめかみ、目（め）、耳（みみ）、鼻（はな）、口（くち）、顎（あご）、首（くび）、肩（かた）、胸（むね）、人指し指（ひとさしゆび）、中指（なかゆび）、薬指（くすりゆび）、小指（こゆび）、親指（おやゆび）、上腕（じょうわん）、肘（ひじ）、前腕（ぜんわん）、手首（てくび）、手（て）、腕（うで）、背中（せなか）、みぞおち、腰（こし）、腹（はら）、尻（臀部）（しり・でんぶ）、指（ゆび）、爪（つめ）、太もも（ふともも）、ふくらはぎ、足（あし）、膝（ひざ）、くるぶし、つま先（つまさき）、かかと

資料：『介護職員初任者養成講座テキスト』（日本医療企画、2013年）、『初任者研修課程テキスト』（日本医療企画、2018年）、『実務者研修テキスト』（日本医療企画、2017年）

【参考文献】

・H. W. Heinrich, Dan Petersen, Nestor Ross : Industrial accident Prevention : asafety management approach. 5th ed. p61,Tokyo, McGraw-Hille,（1980）
・福祉事業開業支援.com
・『コミュニケーション技術　介護福祉養成テキストブック』野村豊子編、ミネルヴァ書房、2010年
・『介護職員初任者研修課程テキスト1〜3』日本医療企画、2018年
・『新・介護福祉士養成講座　生活支援技術2 第2版』中央法規出版、2010年
・『絵で見てやれる新しい家庭介護のすべて』西原修造著、日本医療企画、2007年

巻末資料　123

おわりに

「本当は自分の家で死にたいけれど、私は日本語がわからないから、『病院』で死にます」と、人生の最期の場所を選択しなければならない。これは決してノーマライゼーションな社会ではありません。中国残留邦人の老老介護の現状、浜松市内には既に65歳以上の外国人が約700人いる実態、もはや高齢化が進んでいるのは日本人だけではないという危機感から、私の活動は始まりました。

このテキストは、実に多くの皆様のご協力とご尽力があって誕生しました。日本医療企画のスタッフの皆さんの情熱がなかったら、素人の夢は叶わなかったでしょう。グローバルの初任者研修でお世話になっている安形さんとイラストを描いてくれた大学生の萌香さんがいたから、リアルになりました。グローバルでアリスさん、杉本さん、淑恵さんが私のバックヤードを支えてくれているからこそ、こうして挑戦し続けられました。

今や少子高齢社会の日本において、私たちが在住外国人の生産力、経済力、労働力、文化創造力に頼らざるを得ない状況はすぐそこまできています。そろそろ国籍も性別も年齢など、あらゆる違いを乗り越えて、誰もが生きやすい社会を創っていきませんか。外国人「も」安心して生老病死を営めるような社会の実現にむけて、外国人介護ワーカーのこれからの活躍に期待しています。

桜の開花が待ち遠しい春の日に、ふじのくにより　　　　　堀　永乃

索引

にほんご	日本語	英語	ページ

【アルファベット】

AD/HD		attention defect/hyperactivity disorder	61
ICF		International Classific ation of Functioning, Disability and Health	58
LD		learning disturbance	61
QOL		quality of life	11

【あ行】

アスペルガーしょうこうぐん	アスペルガー症候群	Asperger syndrome	61
アルコールいぞんしょう	アルコール依存症	Alcoholism	60
アルツハイマーがたにんちしょう	アルツハイマー型認知症	Alzheimer dementia	50
いこうい	医行為	medical activity	34, 35
いしきしょうがい	意識障害	disturbance of consciousness	46, 60
いしゅく	萎縮	atrophy	52
いふくのちゃくだつ	衣服の着脱	Dressing（putting on and taking off clothes）	80
いりょうほけん	医療保険	medical insurance	24
インクルージョン	インクルージョン	inclusion	58
うつびょう	鬱病	depression	60
えんかくきおく	遠隔記憶	remote memory	67
えんげ	嚥下	deglutition, swallowing	
えんげしょうがい	嚥下障害	dysphagia	49
エンパワメント	エンパワメント	empowerment	56, 57
えんめいちりょう	延命治療	life-prolonging treatment	100

【か行】

かいごきろく	介護記録	nursing care record	44
かいごサービス	介護サービス	nursing care service	26, 30
かいごじこ	介護事故	in-care accident	20
かいごじっせんのげんそく	介護実践の原則	principles of nursing care practice	17, 16
かいごほけんせいど	介護保険制度	nursing care insurance	24
かいごもくひょう	介護目標	long-term care goals	42

かいごよほう	介護予防	care prevention	15, 32
かいごよほうサービス	介護予防サービス	care prevention service	30
がくしゅうしょうがい	学習障害	learning disturbance	61
かじょうせっしゅ	過剰摂取	excess intake	48, 49
かしょく	過食	binge eating	52, 53
かんこうへん	肝硬変	cirrhosis	48
かんせつ	関節	joint	47, 49, 84
かんせつつう	関節痛	arthralgia	49
かんせんしょう	感染症	infectious disease	84
かんぞうびょう	肝臓病	liver disease	48
かんそく	患側	affected side	81, 90
きおくしょうがい	記憶障害	memory disorder	50
きざい	起座位	sitting up position	89
ぎし	義歯	denture	83
きのうくんれん	機能訓練	functional training	31, 32, 33
きぶんしょうがい	気分障害	mood disorder	60
ぎゃくたいこうい	虐待行為	abusive behavior	13, 37
ぎょうがい	仰臥位	spine position	88, 95
きょうしんしょう	狭心症	angina	48
きょたくかいごサービス	居宅介護サービス	home care service	3
きんじきおく	近時記憶	recent memory	67
くつうかんわ	苦痛緩和	pain palliation	100
くもまくかしゅっけつ	くも膜下出血	subarachnoid hemorrhage	48
ケア	ケア	care, nursing care	54
けいかんえいよう	経管栄養	tube feeding	34
けいざいてきぎゃくたい	経済的虐待	economic abuse	13, 37
けいれん	痙攣	convulsion, twitch	47
けつあつ	血圧	blood pressure	46
けつえきじゅんかん	血液循環	blood circulation	84
げんかく	幻覚	hallucination	60, 51, 52, 53
げんごきのう	言語機能	language function	47
げんごてきコミュニケーション	言語的コミュニケーション	verbal communication	41
けんそく	健側	unaffected side	80, 81
けんとうしきしょうがい	見当識障害	impaired orientation	50
こうおんしょうがい	構音障害	articular disorder, dysarthria	47, 49
こうくうケア	口腔ケア	oral care	82
こうけつあつしょう	高血圧症	hypertension	48
こうれいしゃぎゃくたい	高齢者虐待	elder abuse	13
こうれいしゃぎゃくたいぼうしほう	高齢者虐待防止法	Elder Abuse Prevention Act	36
ごえん	誤嚥	aspiration	49

ごえんせいはいえん	誤嚥性肺炎	aspiration pneumonia	49, 82
こきゅう	呼吸	respiration	46
こくさいせいかつきのうぶんるい	国際生活機能分類	→ICF	
こじんじょうほう	個人情報	personal information	42, 43
こべつてきなしえん	個別的な支援	individual support	15
こんだて	献立	menu	79

【さ行】

さぎょうりょうほうし	作業療法士	operational therapist	30, 32, 34, 44
ざんぞんのうりょく	残存能力	residual ability	15
じこけっていけん	自己決定権	right of self-determination	11, 15
じこせんたく	自己選択	self-selection	15
じこぼうし	事故防止	accident prevention	73
しじきていめん	支持基底面	base of support	86
ししまひ	四肢まひ	quadriplegia	85
ししゅうびょう	歯周病	periodontal disease	48
しつごしょう	失語症	aphasia	47, 49
しっぺい	疾病	disease	48
しびれ	しびれ	numbness	47
じへいしょう	自閉症	autism	61
じゃくねんせいにんちしょう	若年性認知症	early-onset dementia	51
じゅうきょのあんぜん	住居の安全	residence safety and security	73
しゅうへんしょうじょう	周辺症状	behavioral and psychological symptoms of dementia	52
しゅうまつきケア	終末期ケア	terminal care	100
しょうがいしゃきほんほう	障害者基本法	Basic Act for Disabled Persons	58
しょうがいじゅよう	障害受容	acceptance of disability	63
じょうどうこうどう	常同行動	stereotyped behavior, stereotypy	51
しょうひしゃけいやくほう	消費者契約法	Consumer Contract Act	36
じょうみゃくけっせんしょう	静脈血栓症	venous thrombosis	84
ショートステイ	ショートステイ	short-stay rehabilitation	56, 57
しょくぎょうりんり	職業倫理	professional ethics	18
しょくじ	食事	meal	47, 91
じょくそう	褥瘡	bedsore, decubitus	84, 88, 93
しょくひんぶんるい	食品分類	food classification	77
しょくもつせんい	食物繊維	dietary fiber	77, 78, 97
しょくよく	食欲	appetite	84
じりつしえん	自立支援	self-reliance support	14, 17, 19
しりょく	視力	visual acuity	47
しんきんこうそく	心筋梗塞	myocardial infarction	48, 49

じんけん	人権	human rights	11, 17
しんしっかん	心疾患	cardiac disease, heart disease	48
じんぞうびょう	腎臓病	renal disease	48
しんぞうほっさ	心臓発作	heart attack	94
しんたいしょうがいしゃふくしほう	身体障害者福祉法	Act for the Welfare of Persons with Physical Disabilities	58
しんたいてきぎゃくたい	身体的虐待	physical abuse	13, 37
しんりてきぎゃくたい	心理的虐待	psychological abuse	13, 37
すいこうきのうしょうがい	遂行機能障害	executive dysfunction	50, 52
すいみん	睡眠	sleep	47, 98
すいみんしょうがい	睡眠障害	sleep disorder	99
ストレス	ストレス	stress	22
せいかつしゅうかんびょう	生活習慣病	life-style disease	48
せいかつほごせいど	生活保護制度	public assistance system	36
せいしき	清拭	bed bath	82, 92
せいしんしょうがい	精神障害	mental disorder	60
せいてきぎゃくたい	性的虐待	sexual abuse	13, 37
せいねんこうけんせいど	成年後見制度	adult guardian system	36
ぜんとうそくとうようへんせいしょう	前頭側頭葉変性症	frontotemporal lobar degeneration	51
そうだんえんじょ	相談援助	counselling assistance	42
そうほうこうの	双方向の	bidirectional	41
そうようしょう	掻痒症	pruritus	49
そくがい	側臥位	lateral (recumbent) position	88
そくじきおく	即時記憶	immediate memory	67
そしゃく	咀嚼	mastification, chewing	
そんげん	尊厳	dignity	11, 12, 100

【た行】

たいおん	体温	body temperature	46
たいないどけい	体内時計	biological clock	98, 99
だついじょう	脱衣場	dressing room	94
だっけんちゃくかん	脱健着患	putting clothes from the affected side and taking them from the unaffected side first	81
だっすいしょう	脱水症	hydration	47, 53
たんざい	端座位	squarely sitting position (on a bed)	89
たんのきゅういん	痰の吸引	sputum sucking	34
たんまひ	単まひ	monoplegia	85

ちてききのう	知的機能	intellectual function	60
ちてきしょうがい	知的障害	intellectual impairment, mental retardation	60
ちゃくだつかいじょ	着脱介助	dressing assistance	80
ちゅういけっかんたどうせいしょうがい	注意欠陥多動性障害	attention defect/hyperactivity disorder	61
ちゅうかくしょうじょう	中核症状	core features of dementia	52
ちゅうすうしんけいけい	中枢神経系	central nervous system	68
ちょうかく	聴覚	auditory	47
ちょうききおく	長期記憶	long-term memory	67
ちょうざい	長座位	sitting position with extending lower limbs on a bed	89
ついまひ	対まひ	paraplegia	85
ていえいよう	低栄養	undernutrition, malnutrition	49
デイサービス	デイサービス	day-care service	56, 57
てんとう	転倒	falling	94
とうごうしっちょうしょう	統合失調症	schizophrenia	60
とうにょうびょう	糖尿病	diabetes	48, 49
とくていしょうとりひきほう	特定商取引法	the Specified Commercial Transaction Act	37

【な行】

にゅうみんぎしき	入眠儀式	soporific action	99
にゅうよくかいじょ	入浴介助	bathing assistance	94
にょう	尿	urine	47
にんちしょう	認知症	dementia, cognitive impairment 33, 49, 50, 52, 84	
ネグレクト	ネグレクト	neglect	13, 37
ねたきりじょうたい	寝たきり状態	bedridden condition	31, 50, 96
のうけっかんしっかん	脳血管疾患	cerebrovascular disease	48, 50
のうけっかんせいにんちしょう	脳血管性認知症	cerebrovascular dementia	50
のうけっせん	脳血栓	cerebral thrombosis	48
のうこうそく	脳梗塞	cerebral infarction	48, 49, 50
のうそくせん	脳塞栓	cerebral embolism	48
のうひんけつ	脳貧血	cerebral anemia	95
ノーマライゼーション	ノーマライゼーション	normalization	12, 16, 58
ノンレムすいみん	ノンレム睡眠	non-REM sleep	99

【は行】

| はいかい | 徘徊 | wandering behavior | 52, 53 |

はいせつかいじょ	排泄介助	toileting assistance	63
はいぜん	配膳	meal serving	79
はいそくせん	肺塞栓	pulmonary embolism	84
はいようしょうこうぐん	廃用症候群	disuse syndrome	84
はくないしょう	白内障	cataract	49
はったつしょうがい	発達障害	developmental disorder	60, 61
バリアフリー	バリアフリー	barrier-free	13, 73
はんざい	半座位	Fowler position	88
ひいこうい	非医行為	non-medical activity	35
ひげんごてきコミュニケーション	非言語的コミュニケーション	non-verbal communication	41, 55
ひほけんしゃ	被保険者	insured person	24
ヒヤリ・ハット	ヒヤリ・ハット	near-miss incident, medical incident	21
ふあんぜんこうどう	不安全行動	unsafe behavior	20, 21
ふあんぜんじょうたい	不安全状態	unsafe condition	20, 21
ふくがい	腹臥位	prone position	88
ふくしようぐ	福祉用具	assistive equipment for disables	31
ふけつこうどう	不潔行動	unclean behavior	52
ふしゅ	浮腫	edema	47
プライバシーのほご	プライバシーの保護	privacy protection	11, 19
べん	便	feces	47
べんぴ	便秘	constipation	97
へんまひ	片まひ	hemiplegia	81, 85
ほうかごとうデイサービス	放課後等デイサービス	after-school day care service	62
ほうもんかいご	訪問介護	visiting care	57, 56
ほこうしょうがい	歩行障害	gait disturbance	49
ほっさ	発作	attack, seizure	48, 50

【ま行】

まだらにんちしょう	まだら認知症	→のうけっかんせいにんちしょう	
まっしょうしんけいけい	末梢神経系	peripheral nervous system	68
まひ	まひ	paralysis	47, 85
まんせいこうまくかけっしゅ	慢性硬膜下血腫	chronic subdural hematoma	51
みじたく	身支度	outfitting, dressing	74
みゃくはく	脈拍	pulse rate	46
むくみ	むくみ	swelling	47
めまい	めまい	dizziness	47
メンタルヘルスケア	メンタルヘルスケア	mental health care	22, 23
もうそう	妄想	delusion	52, 53, 60

【や行】

やくざいし	薬剤師	pharmacist	30, 32
ユニバーサルデザイン	ユニバーサルデザイン	universal design	13
ようかいごじょうたい	要介護状態	long-term care requiring condition	26, 27
ようかいごにんてい	要介護認定	Certification of eligibility for long-term care	26
ようごしゃ	養護者	supporter	37
ようしえんじょうたい	要支援状態	support requiring condition	26, 27
よくうつ	抑鬱	depression	52, 53
よくしつ	浴室	bathroom	94

【ら行】

りつい	立位	standing position	89
りょうしい	良肢位	functional position	88
りようしゃほんい	利用者本位	user-oriented	19
レスパイトサービス	レスパイトサービス	respite service	56, 57
レビーしょうたいがたにんちしょう	レビー小体型認知症	dementia with Levy bodies	51
レムすいみん	レム睡眠	REM sleep	99
ろうどうさいがい	労働災害	industrial accident	21

【編著者紹介】

堀 永乃

一般社団法人グローバル人財サポート浜松代表理事。一般財団法人自治体国際化協会地域国際化推進アドバイザー。文化庁地域日本語教育アドバイザー。企業勤務の傍らボランティア活動を経て、2001年より公益財団法人浜松国際交流協会で日本語教育や交流等の事業の企画と運営に携わる。リーマンショック後は在日外国人の就労支援に取り組み、2011年にグローバル人財サポート浜松を立ち上げる。現在、外国人の介護職員初任者研修や企業内日本語教育、大学生を対象にした次世代育成を行う。このほか全国の自治体、国際交流協会などでの研修や講演も行う。第11回（2017年）かめのり賞〈かめのりさきがけ賞〉受賞、2018年度国際交流基金地球市民賞受賞。

やさしい日本語とイラストでわかる 介護のしごと

2015年4月21日 第1版第1刷発行
2019年11月4日 第1版第5刷発行

編著者	堀　永乃
発行者	林　諄
発行所	株式会社日本医療企画

〒101-0033　東京都千代田区神田岩本町4-14　神田平成ビル
TEL. 03-3256-2861（代表）　FAX. 03-3256-2865

印刷所　図書印刷株式会社

表紙イラスト・佐藤まな美、本文イラスト・望月萌香

ISBN978-4-86439-332-4　C3036　　　　©Hisano Hori　2015, Printed in Japan
（定価は表紙に表示しています）

本書の全部または一部の複写・複製・転訳載等の一切を禁じます。これらの許諾については小社までご照会ください。